Decoding Greatness: How the Best in the World Reverse Engineer Success

全球頂尖創新者、運動員、
藝術家共同實證

逆向工程，
你我都能變優秀的祕訣

朗恩・傅利曼 Ron Friedman 著　陳信宏 譯

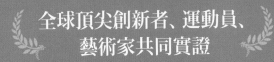

好評讚譽

朗恩・傅利曼的偉大公式看似簡單：找到偉大的東西，然後一一拆開。但解構只是第一步，他以企業家、作家、音樂家、廚師、運動員等例子說明逆向過程的其餘部分……讀者會在讀完這本書時受到啓發，並開始做一些偉大的事。

——《書單》

本書是你的祕密解碼器魔戒……將改變你處理下一個計畫的方式。

——丹尼爾・品克，《未來在等待的人才》作者

如果這書只是充滿了推動各個領域卓越模式的見解，就已非常值得你花時間一讀了。朗恩・傅利曼甚至更進一步：他眞正在教你如何自行檢測新模式。透過吸引人的故事和富啓發性的研究，向我們揭示如何從偉大的成功者和創新者身上學到更多。

——亞當・格蘭特，《給予》《擁抱B選項》作者

如果你想從努力工作提升到實際產出重要成果，請務必閱讀這本書。

——卡爾．紐波特，《Deep Work深度工作力》作者

偉大的創新者都有共通點，那就是他們都破解了成功的密碼。本書中揭示了歷史上最具創造力的頭腦如何激發逆向工程的潛力，更重要的是，如何在當今競爭最激烈的領域善用策略……你也可以在這當中找到未來的創新關鍵。

——馬歇爾．葛史密斯，《UP學》作者

本書是一套成功的劇本，適用於你想像所及的任何領域。透過對別人管用的技能進行逆向工程，我們都可以從中找到推動創新的獨特方法。

——約拿．博格，《瘋潮行銷》《看不見的影響力》《如何改變一個人》作者

心理學家朗恩．傅利曼將說故事和科學融爲一體，翻開新頁，引人入勝。我讀了之後，也列出我想在自己工作中嘗試的一些事，我敢打賭你也會這樣做。

——大衛．艾波斯坦，《跨能致勝》作者

給我的祖母，
她教會我冒險的重要，
要緊握摯愛的人的手，
以及（幾乎）往每道菜裡加入檸檬和蒔蘿。

【目錄】

Part 2 填補「願景」與「能力」之間的鴻溝

編按：本書注釋與索引可至「圓神書活網」（www.booklife.com.tw）搜尋本書，在書籍頁面取得。

引言

蘋果創新王國鮮爲人知的祕史

史蒂夫·賈伯斯發現自己遭到背叛時，已經太遲了。記者會已經結束，消息也發布。這時他才逐漸意識到：蘋果提早起步的優勢即將消失。

那一年是一九八三年，地點在加州庫比蒂諾，賈伯斯創辦的電腦公司才即將滿七歲。這家公司崛起得極爲迅速。再過幾年，華爾街對其市值估計將高達十億美元以上。不過，在這個時候，距離蘋果正式發表麥金塔（該公司迄今最大膽的創新）之前的短短六個星期，賈伯斯卻發現自己遭人搶先一步。

這項打擊來自四千公里以外，在紐約市著名的漢斯理皇宮飯店華麗的宴會廳裡。比爾·蓋茲在舞臺上，站在一群記者面前，剛宣布微軟要發展一套友善使用者的作業系統——而這套系統和麥金塔有著不少引人注目的相似之處。

那個年代的電腦，看起來一點都不像今天這種直覺式的裝置，沒有色彩鮮豔的圖像和能夠點擊的圖示，也沒有互動式選單。你如果要用一九八三年的電腦做任何事情，就必須拿起鍵盤，輸入一大串硬邦邦的文字指令以傳達你的要求。

蘋果的麥金塔作業系統具有兩項關鍵創新：令人眼睛一亮的螢幕圖像，還有滑鼠。從此以後，使用者再也不必被迫學習晦澀難懂的電腦語言。在新的麥金塔電腦上，他們只要滑動游標並且點擊就行了。

賈伯斯迫不及待要把麥金塔推上市場。在他的想像當中，他的公司將會在不到兩個月的時間裡徹底改變個人電腦的世界。然而，現在蓋茲竟然宣布微軟開發了一套新的作業系統，叫做什麼「視窗」（Windows）的？

賈伯斯滿肚子火。畢竟，蓋茲連競爭對手都算不上，他只是個銷售商而已。事情的發展實在令人無法理解。賈伯斯欽點微軟爲蘋果的電腦開發軟體，他絲毫沒有虧待蓋茲，不但與他同行出席會議、在蘋果的活動上邀請他上臺露面，還把他當成自己的心腹成員。結果，蓋茲居然這麼回報他？

「把比爾．蓋茲給我找過來，」他對負責聯絡微軟的人員要求，「明天就要到！」

蓋茲雖然遠在美國另一端，賈伯斯的要求還是實現了。

第二天，蘋果的會議室裡坐滿該公司的高層人員。賈伯斯打算以人多勢眾的姿態給微軟團隊一個下馬威。兩家公司即將正面對決，他可不打算在陣勢上屈居下風。

不過，他根本不需要花費這些力氣。在大出眾人意料的情況下，微軟並沒有派出一個團隊。蓋茲隻身前來，略顯彆扭地走進會議室面對大陣仗。

賈伯斯立刻開口對他痛罵一頓。「你這個賊！」他大聲怒吼，他的手下也全都怒目圓睜，盯著蓋茲。「虧我那麼信任你，結果你竟然偷了我們的東西！」

蓋茲默默接受他的斥責，然後停頓一會兒，但絲毫不顯畏縮。接著，他說出一句令對方無可招架的話，導致會議室裡所有人都啞口無言：「史蒂夫，我認為這件事可以從不同的觀點來看。我覺得實際上比較像是我們兩人都住在一個叫做『全錄』的有錢鄰居隔壁，結果我闖進他家去偷電視，卻發現原來先被你偷走了。」

蓋茲很清楚視窗作業系統不是自己的原創構想，但如果說這種以圖像為基礎並且由滑鼠操控的作業系統是賈伯斯的創意結晶，他也絕不接受。

無論蘋果向媒體推銷了什麼樣的英勇故事，蓋茲知道事實真相：麥金塔從來就不是蘋果的發明，而是從全錄這家位於紐約羅徹斯特的影印機公司獲得的點子，經由「逆向工程」產生的結果。

賈伯斯的逆向工程

一九七〇年代，在賈伯斯還是高中生的時候，全錄面臨一場生存危機。該公司的高階主管認定無紙辦公室是未來無可避免的發展，而他們並不打算被動等待那樣的未來降臨。爲了投入創新研究，全錄在加州成立了帕羅奧多研究中心，簡稱「全錄帕研」。這座研究中心立刻開始大量產出新點子，原因是這裡罕見地結合三項優勢：豐厚的資金、擁抱風險的文化，以及地理位置的機緣巧合。當時矽谷充滿傑出的工程師，而全錄帕研來得正是時候，因此得以廣納人才，還給他們完全自由發揮的空間。

在全錄帕研無數的發明當中，有一項是一部大多數人從沒聽過的個人電腦，名叫「奧多」（Alto）。這部電腦的許多特徵，後來都成了麥金塔與眾不同的特色，例如：讓電腦變得比較容易使用的圖像，還有用來下達指令的滑鼠。唯一的差別，是奧多研發出來的時間，比麥金塔整整早了十年。

全錄知道奧多絕對有價值，只是不曉得價值究竟有多高。他們把奧多視爲一件利基產品，一種高級辦公室限定的設備，以爲大概只有頂尖大學和大型企業才會感興趣。他們會這麼認爲確實難怪，因爲全錄的奧多要價超過十萬美元（以當今的美元價值而言），而且一次的最低購買數量是五部！所以就算是最富有的美國人也不會有購買奧多的預算。

全錄有個盲點。該公司的高階主管有許多都是在一九四〇與五〇年代期間長大成人，普遍認爲打字是祕書的工作。他們完全想像不到電腦有可能成爲居家用品。也許這就是爲什麼他們絲毫不吝於向訪客展示奧多，包括在一九七九年展示給賈伯斯看。

賈伯斯當下就著迷不已。「你們坐擁一座金礦。」他對那個負責介紹奧多的全錄工程師說。在展示過程中，賈伯斯幾乎沒辦法靜靜坐著。他越來越激動，顯然遏制不了內心的興奮。他一度脫口而出：「我實在不敢相信全錄竟然沒有善用這項產品。」

事後，他隨即跳上車，直接趕回辦公室。不同於那些古板的全錄高階主管，他徹底體認到這項發明的重要性。賈伯斯認定自己窺見了未來，而他可不打算枯等全錄發現這一點。「就是這個！」他對他的團隊說，「我們一定要做出這個東西！」

一夕之間，由滑鼠操控的圖像使用介面就成了蘋果開發的核心焦點。不過，他們並不是要抄襲奧多。賈伯斯認爲自己可以做得更好。他要把滑鼠簡化成只有一個按鍵，也要利用電腦的圖像能力顯示藝術字體，還要找出技術上的解決方案，把奧多高得離譜的價格大幅壓低，讓個人電腦能夠普及大眾。

不過，在他能夠做到這些事情之前，必須先向他的團隊提出簡報，分享自己看過奧多後所記得的一切，詳述奧多的特色、功能，還有設計。接著，他們要進行反向研究，從奧多的功能推測出那部電腦是怎麼製造出來的，目標是要利用獲得的資訊研發出一部開創性的新機器。*

創新者都在做的逆向工程

賈伯斯的做法不算不尋常。至少在矽谷，突破性產品經常都是奠基在逆向工程獲取的洞見之上。

如果當初康柏電腦沒有針對ＩＢＭ的個人電腦進行逆向工程，並利用他們由此得到的收穫開發出可攜式電腦，我現在用來打出這句話的筆電就不會存在。

我現在握在手裡的滑鼠深受賈伯斯的影響，但這項發明眞正的功臣也不是全錄，而是史丹福大學研究員道格拉斯．英格巴特（Douglas Engelbart）。

他在一九六四年打造出一個四四方方的木造原型裝置，利用內嵌的金屬圓盤追蹤移動位置。全錄對於英格巴特的這項發明並不陌生，他的辦公室距離全錄帕研只有九分鐘路程。

就連我現在用來撰寫這些文字的Google Docs軟體，也不是憑空出現，而是仔細分析既有的文字處理應用程式之後的結果。

所謂逆向工程，就是系統性地拆解物品，以便探究其內部運作方式，從中獲取重要的洞見，而這種做法不只是科技產業引人入勝的特徵之一。對於爲數驚人的創新者而言，這似乎是種自然而然出現的傾向，是先天的喜好。

麥可．戴爾（Michael Dell）在十六歲生日收到的禮物是一部蘋果二號電腦，他卻根本沒有開機使用，而是一語不發地把那部電腦抱進他的房間，關上門，然後把整部機器徹底拆解（他的爸媽因此驚恐不已），以便檢視那部電腦是怎麼製作而成。短短幾年後，他成立戴爾電腦公司。這家公司的與眾不同之處，就是使用者可以依個人需求客製化自己的電腦。

Google的賴利．佩吉（Larry Page）九歲時，他的哥哥把自己的螺絲起子拿給他玩。他利用那些螺絲起子拆開了爸爸的電動工具，以便窺探裡頭的結構。

---

*這段軼事如果讓你對於賈伯斯還有蓋茲感到有些不以為然，那麼稍微說明一下背景脈絡也許會有幫助。有幾件事情值得我們注意。第一，全錄無意對大眾市場販售價格低廉的電腦。大多數人之所以從沒聽過奧多，不是因為賈伯斯竊取了奧多的概念，而是因為全錄未能體認到他們這項技術擁有的潛力。第二，微軟開發圖像使用介面，是在蓋茲看過麥金塔以前的事情。賈伯斯雖然不知道，但蓋茲也同樣對全錄的電腦深感著迷。最後，賈伯斯和蓋茲都不是單純只想複製全錄的技術，而是致力於以獨特的方式加以改進。蘋果的目標是要把電腦變得對使用者友善，微軟的優先要務則是要把電腦變成平價產品。這兩家公司都各自看出了一個沒有受到充分利用的好點子，而設法變得更好。

還有亞馬遜的貝佐斯，他的母親賈克琳總是覺得自己兒子和別人不太一樣。她還記得自己是在什麼時刻發現的：就是看到她才剛學會走路的兒子想拆解自己的嬰兒床。

逆向破解，搶得先機

純粹的好奇心是逆向工程的一項動力。而科技業的開發者採用這種做法，還有另一個比較務實的理由，就是在許多情況下，要寫出能夠與既有作業系統相容的軟體，唯一的方法就是破解那套作業系統。

除此之外，逆向工程也扮演著至關緊要的角色，也就是在足以開創新局的功能正式發表**之前**即可加以揭露。

二十六歲的黃文津是住在香港的程式設計師。你可能從沒聽過她的名字，但她在網路上卻是超級巨星，是矽谷最多人談論的一個推特帳號背後的主腦。

黃文津是個偵探，成天仔細解讀程式碼，揭發應用程式開發商暗中測試的隱藏功能。你的手機或者平板上的應用程式每一次更新內容，都含有新的程式指令。有時候，這些指令當中會有一些片段對大多數使用者關閉，只有開發團隊能啓用。這就是黃文津關注的焦點所在。藉著仔細檢視這些刻意關閉的程式碼，她就能夠探查到即將推出的各種深富吸引力的最新功能。

創辦人、程式設計師以及科技記者都提前群聚在黃文津的推特帳號，以便在正式發表之前，就能夠預先發現臉書、優步、IG、Spotify、Airbnb、Pinterest、Slack與Venmo等各大公司的下一件重大產品。在黃文津揭發的許多祕密實驗當中，包括了音樂服務軟體Spotify的卡拉OK功能、IG隱藏貼文按讚數的功能，還有臉書新推出的交友網站。

即時學習，持續精通新技能

由以上例子明顯可見，矽谷對於逆向工程並不陌生。科技創新者可以藉著這種做法向同時代的頂尖人物學習、在開創的觀念之上進一步發展，並且占得先機。

要是逆向工程也能爲你帶來相同的效果呢？

逆向工程在電腦界蓬勃發展是有原因的。電腦領域的演進速度極快，因此要獲得成功就必須不斷地即時學習。

你如果想在矽谷力爭上游，就不能只從已發表的雜誌文章或者專業論壇當中得知重大創新。等到那時早就太遲了。要在時代尖端位居領先地位，就必須隨時掌握引人入勝的發現、有用技術，以及重要趨勢。

以上情形看起來如果和你的行業相差極遠，那麼這種狀況很可能即將改變。實際上，這是醞釀多年的轉變。

一九八〇年代晚期，分屬康乃爾大學與杜克大學的兩位經濟學家注意到令人擔憂的趨勢。在越來越多的市場當中，所得都越來越集中於最頂端的一小群人手裡。

以前，經濟學家在職業運動、流行音樂與賣座電影這類充滿名人的產業裡，就目睹過這種現象，但他們兩人注意到的現況卻不大一樣。突然間，所得分配不平均有如野火一樣迅速擴散開來，出現在不那麼充滿名人光環與效應的職業別裡，例如會計、內科醫療與學術界。

是什麼原因造成這樣的變化？如同羅伯特．法蘭克（Robert H. Frank）與菲力普．庫克（Philip J. Cook）在他們出版於一九九五年的《贏家通吃》（*The Winner-Take-All Society*）這本書裡解釋，科技的高度發展經常伴隨著令人不安的副作用：頂尖工作的競爭會因此增加，造成「贏家通吃」市場興起。

法蘭克與庫克也舉歌劇演唱家爲例，闡釋科技進展如何加劇競爭。在十九世紀，歌劇演唱家到處可見，大型的著名歌劇劇團在歐洲各地城市也都是不可或缺的元素。由於長途旅行在那個時代相當困難，因此歌劇劇團也局限於特定區域。所以，你如果在十九世紀期間渴望成爲職業歌劇演唱家，入行門檻也就相對不高。你只要唱起歌來比自家周圍幾公里內的其他歌手好聽，就可以實現夢想。

這種情形卻在二十世紀出現大幅改變，原因是旅行、錄音裝置與無線通訊的創新，消除了地理疆界。傑出的表演者不再限於只能在家鄉從事現場演出——現在的聽眾隨時隨地都可以透過唱片、錄音帶與CD欣賞他們的表演。

這種情形對於音樂愛好者而言是絕佳的消息，但是對於平庸的歌手卻是極爲不幸的發展。這麼一來，他們的競爭對手就不再只是自己的鄰居，而是像帕華洛帝這樣的歌劇名伶。

就算你不是經濟學家，也看得出這項論點可以廣泛適用於古典音樂以外的各個領域。由於科技進展使得雇主更容易找到並且雇用出類拔萃的員工，所以每個領域的競爭都會因此變得更加激烈。

不論你從事什麼工作，面對的競爭都遠比十年前的同行更激烈。現在和你角逐的對手，已不再只是你居住區域裡的專業人士，而是包括全球各地的專家。客戶與招聘經理從來不曾像現在這麼容易能找出你所屬領域裡最出色的人物，並且邀請他們合作。

不過，這種情形也有好處，只要你能在關鍵點上突顯出自己和別人的差異，把自己定位成所屬行業中的帕華洛帝，你能夠獲得的獎賞也會遠高於先前世代的明星。

那麼，該怎麼達到那種境界的成功呢？這個謎題的一大答案就是培養快速學習的能力，以便能夠持續精通新技能。

在這個瞬息萬變的世界裡，由於專精的目標也會不斷移動，因此要勝過別人，就必須持續追求知識。隨時掌握新出現的創新以及職業趨勢，已不再只是拚命三郎型人物才有的特質，而是每個職場人士要維持不被市場淘汰的基本要件。

當然，正確的學習方法遠不只是幫助你不被淘汰，也會強化你的創意，促使你從鄰近領域當中獲取有價值的觀念，並且能獲致獨特的技能組合。隨著時間過去，你習得的能力要素會不斷累積，增加你做出有意義貢獻的機會，也使你能夠在同領域的其他千百名專業人士當中脫穎而出。

過去，教育是屬於學術界的領域。到了今天，傳統教育已經跟不上社會發展的腳步。等到一項重要的創新在教室或者線上課程裡被提及，大概都是好幾年後的事了。教育機構的設計本來就不適合迅速創新的世界。

結論顯而易見。在當今快速變動且高度競爭的環境裡，積極進取的專業人士必須採取新做法。這樣的做法又必須能夠讓人持續不斷增進技能，不必等人來教你，你也能夠主動即時掌握重要發展。

而要做到這一點，就必須把目光轉回地球上一個大多數專業人士都靠自學成功的地方：矽谷。

每個領域都看得見逆向工程

賈伯斯從來不曾原諒蓋茲開發視窗系統的行爲。他在兩人的正面對決當中也毫不退讓。不論蓋茲的回應多巧妙，賈伯斯都滿心認定：要不是因爲微軟替麥金塔開發軟體，視窗系統絕不可能會出現。

在蘋果的會議室裡，賈伯斯迴避了蓋茲關於全錄的那句一針見血的說詞。他轉移話題，要求蓋茲私下爲他展示視窗系統。蓋茲同意了。

展示才進行幾分鐘，賈伯斯隨即提出他的評斷。

「哦，原來實際上是個爛東西。」他以不屑的語氣說道，裝出鬆一口氣的模樣。

蓋茲相當樂於讓賈伯斯在眾人面前獲得表面而短暫的勝利，讓他藉機挽回點面子。「沒錯，」他對賈伯斯說，「是個可愛的爛東西。」

不到十年後，視窗系統稱霸市場，成爲全世界最成功的作業系統。至於蘋果，則是奄奄一息，公司的業務一片狼藉。到了一九九七年，蘋果已在倒閉邊緣，所幸在最後一刻獲得一筆一億五千萬美元的投資，才得以逃過一劫。那筆資金的來源不是別人，正是比爾・蓋茲。

儘管如此，賈伯斯對待蓋茲仍然毫不留情。他克制不了自己，尤其是在記者邀請他對這位競爭對手提出評論的時候。「比爾基本上毫無想像力，從來沒有發明過任何東西。」賈伯斯向他的傳記作者華特・艾薩克森（Walter Isaacson）表示，「我認爲『這就是』爲什麼他現在做慈善工作比起待在科技業還要自在。他只會厚顏無恥地剽竊別人的點子。」

賈伯斯雖然滿腔怒火，但終究獲得了最後的勝利。

二〇〇五年，他和蓋茲雙雙獲邀參加一名微軟工程師的生日派對。賈伯斯與那名工程師的太太是長年好友，在她的請求之下才同意前來。不過，他來得很勉強，滿心不願和蓋茲同桌飲宴。他當時不曉得的是，這場晚宴將徹底改變蘋果的未來。

那名微軟工程師熱切地想要討好老闆，於是開始詳細描述自己正在開發的一項計畫，聲稱這項計畫將會爲電腦帶來革命性的變化。那是一部平板——他說這件裝置將會讓筆電變成過時的產品。他不停講述這件裝置的簡潔設計、實用性，以及便攜性。尤其令他深感自豪的，是隨附於這種裝置而使其易於使用的觸控筆。他一度半開玩笑地建議賈伯斯可以考慮購買授權，因爲這種裝置將會對業界帶來翻天覆地的大改變。

賈伯斯表面上不動聲色，內心卻開始冒出了點子。

第二天早上，賈伯斯召集他的團隊，向他們提出了挑戰：「我要製造一部平板電腦，不能有鍵盤，也不能有觸控筆。」他沒興趣照抄微軟做的事，而是要更加精進他們正在研發的構想，以便推出比對方更勝一籌的成果。

六個月後，蘋果開發出了一部原型機——一部讓使用者在玻璃螢幕上只用手指就可以打字的裝置。「這就是未來。」賈伯斯一看見這部裝置就這麼宣稱。

不過，賈伯斯還沒有授權團隊開始生產這種裝置，而是做了一項出乎他們意料的重大決定。他要求把這項觸控技術應用在另一項計畫上，而占用了蘋果工程師幾個月的時間。至於那部平板電腦，則是暫時受到擱置。

過了一年多之後，賈伯斯在舊金山踏上一年一度的麥金塔世界大會舞臺，舉起一件新產品。後來，蘋果就靠著這件產品成爲全世界獲利最高的公司——這件新產品就是：iPhone。

這一次，換成蓋茲覺得自己被將了一軍。他在多年後透露了自己當時最初的反應。「老天，」蓋茲記得自己那時心裡是這麼想的，「微軟的眼光還不夠遠。」

賈伯斯與蓋茲之間的競爭齊備了莎翁經典傑作的所有元素：性格缺陷的主角、無盡的衝突、聯盟的瓦解、背叛、復仇、情感宣洩，甚至還有主角人物英年早逝的悲劇結局。故事的核心是兩位了不起的人物——賈伯斯是富有理想與創意的遠見家，蓋茲則是精明的程式設計高手——而一般人都會忍不住把所有的注意力集中於他們的性格缺陷與出眾天賦。

不過，他們的故事之所以特別迷人，不只是因爲其中複雜的糾葛，也不只是因爲兩人數十年來在個人電腦的未來這個領域裡的鬥爭，而是一項遭到一般人忽略的關鍵程序，在兩人故事裡一再悄悄出現，且總是在最大的創新背後扮演一定程度的要角：也就是逆向工程。

賈伯斯與蓋茲都藉著研究他們同時代人物的成就，而得到巨大的收穫，從中汲取重大洞見，並且利用他們學到的東西開發新產品。然而，不是只有他們會這麼做。電腦的歷史不是由個別獨立的高明之舉堆積而成，而是不停探究的創新家相互學習，把來自眾多不同源頭的構想結合起來，並且以先前的產品做爲基礎，而發展出更加進化的新產品與新技術。

你雖然會以爲逆向工程在電腦界以外沒有太大的價值，但這種做法其實具有廣泛得出乎意料的應用範圍，不但易於操作，也極爲引人入勝。你很快就會發現逆向工程不只是商業巨擘喜愛使用的工具，也普遍受到文學巨匠、得獎廚師、傳奇喜劇演員、名人堂音樂家與冠軍球隊採用。

更重要的是，你也可以把這種做法運用在自己的專業領域裡，藉此向你同代的頂尖人物學習、汲取有價值的構想，並且引導你的職涯朝著令人興奮的方向前進。

專屬於你的新穎致勝公式

本書分為兩部分。

第一部探究各個產業的傑出人士，如何針對他們欣賞的成就進行逆向工程，發掘隱藏其中的洞見、獲取新技能，並且激發創意。我們將會解析頂尖人士的技巧，從中辨識出所有人都可以使用的做法，以便找出模式、辨別公式，並且確切指出那些吸引我們的作品，究竟為什麼會如此引發共鳴又獨特。

接著將會探索直接抄襲的壞處，並且檢視修改公式的重要關鍵，也就是把致勝藍圖和自己的獨特長處相結合。我們很快就會看到，在大多數案例當中，抄襲或者過度依賴既有公式是種失敗的策略，極少能帶來令人難忘的結果。不過，完全忽視證明有效的公式，而對受眾拋出令人無法招架的大量原創性，也是同樣危險的做法。我們將會探究為何如此，並且學習世界上某些最具創新能力的人士如何精進既有公式，從而善加利用（而不是違逆）受眾的期望，然後再討論我們可以怎麼把他們採取的策略應用在自己的工作上。

第二部探討知識要怎麼轉變成精湛技能。藉由逆向工程取得能夠產出絕佳成果的原料是一回事，把那些知識有效付諸實行又是另一回事。

針對傑出的例子進行逆向工程的過程裡，經常會伴隨一股不安的感受：也就是體認到你想要造就的成果，和你當下所擁有的技能之間存在不小的落差。第二部的各章將針對如何克服這種「願景與能力的落差」提供一份路線圖，利用各種奠基於證據之上的策略，協助你精通新技能。

我們將會學到簡單的計分板原則如何能夠激勵進步、為什麼大多數人對於練習的定義都太過狹隘，以及絕大多數的意見回饋為什麼都出乎意料地對你有害。

我們還會發現專家如何預測未來（以及為什麼理解到這點能夠讓我們更精進）、什麼時候是尋求回饋的理想時機，以及你如果想解構一位專家的成功，最該詢問對方哪些問題。此外，我們還會辨識各種實用的機會，可以藉此擴展自己的技能，把個人能力推向高峰，卻又不必危及自己的職業生涯，或是賭上名聲。

在探討這些問題的過程中，你將會讀到一些令人著迷的人物，並且得知他們的非凡故事。一位知名藝術家怎麼在完全沒有接受過正式教育的情況下，藉著逆向工程在該領域達到頂尖地位；還有某任美國總統獲得歷史性的勝選，你得以見證混搭的力量；以及一位暢銷作家因為沒有能力模仿自己的偶像，反倒創造一種新文類。

本書提供許多可行的策略，而且是奠基在最新的研究上。談及數十項經過同儕審查的研究，取自各種不同領域，包括神經科學、演化生物學、人類動機、運動心理學、學習、記憶、專精技能、文學、電影、音樂、行銷、商業，以及電腦科學——這一切都可讓我們進一步理解自己如何能夠解譯精湛的表現、提升自己的技能，並且打造非凡成就。

看完本書之後，你將會擁有一項極爲重要的新技能。這項技能可以讓你拆解自己欣賞的例子、確切辨識出那些例子之所以有效的原因，並且運用由此獲得的知識，發展出專屬於你自己的新穎致勝公式。

Part 1
找出隱藏模式的技術

CH 1 成爲技能精湛的逆向偵探

提到非凡成就以及人類的卓越表現時，我們總是一再聽聞兩種主要說法：

第一種說法是卓越來自於「天賦」。根據這種觀點，我們所有人都帶有若干與生俱來的長處。那些在各自領域裡出類拔萃的人物，都是因爲發現了自己與生俱來的天賦，並且媒合於適當的職業，所以才能夠發光發熱。

第二種說法指稱卓越來自於「練習」。依照這種觀點，天賦對人的幫助有限，眞正重要的是必須以有效方式規律練習，而且必須願意付出許多努力。

關於卓越，其實還有另一種不常聽人分享的說法。

然而，這條通往技能習得與精通的道路，在世界各地的頂尖人物之間卻是極爲常見，普及的程度令人震驚，不論他們是藝術家、作家、廚師、運動員、發明家，還是創業家。

這條道路稱爲「逆向工程」。

從看得見的倒推出隱藏的關鍵

所謂逆向工程，就是看穿明顯可見的表象，而找出隱藏在其中的結構——這種結構不但能夠揭露一件物品是怎麼設計而成，更重要的是也能夠揭示這件物品可以如何重新製造而成。這樣的能力，等於品嚐一道美味菜餚而能夠推測出食譜配方，聆聽一首優美的歌曲而能夠辨別出其中的和弦進行，觀看一部恐怖片而能夠理解其敘事曲線。

從文學與藝術等產業乃至商業界，都可以看到許許多多頂尖業界人士，如果不是先解構了別人的成果，絕對不可能達成他們擁有的成就。

電影人賈德．阿帕托（Judd Apatow）身兼編劇、導演與製作人，推出的電影作品包括他那個世代最成功的若干喜劇，諸如《銀幕大角頭》（*Anchorman*）、《伴娘我最大》（*Bridesmaids*）與《四十處男》（*The 40-Year-Old Virgin*）。他是怎麼做到的？答案正是靠著系統化解構他欣賞的每一位喜劇藝人。

阿帕托的祕密武器，是一個只有一名聽眾的廣播節目。

高中時期的阿帕托對喜劇極爲狂熱，對於喜劇藝人的著迷程度，就像其他同齡孩子著迷於搖滾歌星一樣。他不但蒐集影片，特意爲電視節目的播出時段空出時間，還利用暑假到當地的喜劇俱樂部打工洗碗盤。他一時興起，在他就讀的高中加入學校的廣播電臺，結果注意到一件奇特的事情：那個電臺的青少年ＤＪ居然得以訪問到不少出乎意料的著名樂團。

他就在這時想到了一個好點子。他要創立自己的廣播節目，藉此向喜劇界的每個傑出人物汲取職涯建議。

「我打電話給他們的經紀人或者公關，說我是長島ＷＫＷＺ電臺的賈德．阿帕托，想要訪問他們的客戶。」他後來寫道，「我故意不提自己才十五歲。由於這些藝人代理人大部分住在洛杉磯，所以根本不曉得我們電臺的訊號其實出不了校園。等到我現身訪問時，他們才發現自己被騙了。」

這個計策爲他帶來了絕佳的收穫。在接下來的兩年裡，阿帕托訪問了喜劇界的許多重量級人物：傑瑞．史菲德（Jerry Seinfeld）、蓋瑞．桑德林（Garry Shandling）、約翰．坎迪（John Candy）、桑德拉．伯恩哈德（Sandra Bernhard）、霍華．史登（Howard Stern）、亨尼．楊曼（Henny Youngman）、馬丁．蕭特（Martin Short）、「怪咖」揚科維奇（“Weird Al” Yankovic）、傑．雷諾（Jay Leno）。而他對他們提出的問題，也涵蓋了這一行的各個面向，包括怎麼開發笑料、找經紀人，乃至獲得注意的最佳方法。

透過這些訪談，阿帕托發現喜劇藝人平均需要七年時間才能夠發展出自己的特色，並且眞正上軌道；只要連續幾天不表演，就會對口條造成影響；而且，喜劇新手想要進步的最佳方法，就是盡可能多上臺，就算只是爲了減輕怯場的緊張也好。

阿帕托的許多訪談錄音從沒播出過。當然，他的廣播節目不是重點。到了他高中畢業時，已彙整出一份他所謂的「藍圖」與「聖經」，用於指引他怎麼寫笑話、培養自己的技藝，並且打造一門事業。

訪問你的偶像可以是一種有效策略，能夠讓你發現他們的祕密（重點是要提出適當的問題——這點等到第七章再進一步詳談）。你甚至不必假裝自己在廣播電臺工作。在現今部落格與Podcast節目蓬勃發展的世界裡，與專家攀談從來沒這麼容易過。可是，他們要是不願意和你說話呢？更麻煩的是，他們要是已經不在人世了呢？

創作天才也在用的臨摹技法

不久之前，暢銷作者喬．希爾（Joe Hill）在撰寫新書時就遇到這個難題。他的寫作進度停滯，也很清楚自己需要怎麼精進能力。於是，他向傳奇犯罪小說家暨懸疑大師埃爾莫・倫納德（Elmore Leonard）求助。

「我把自己的書擺在一旁，利用兩個禮拜左右的時間重抄了《夏威夷生死鬥》（*The Big Bounce*）。」希爾接受《十分鐘作家工作坊》（*10-Minute Writer's Workshop*）節目訪問時解釋道，「我每天都會翻開他（埃爾莫・倫納德）的書，抄下頭兩頁的每一句話，感受他的節奏，還有書寫對話的方式，以及他怎麼利用短短幾個句子就呈現出人物的特色……我只需要和埃爾莫相處兩個禮拜，就可以找回寫驚悚作品所需的節奏，還有活潑輕快的感覺。藉著研究他的書寫特色，我因此能夠找回自己的書寫特色。」

希爾是從爸爸身上學到這種做法。他爸爸在六歲時，因爲扁桃腺發炎在家休養，而無意間發現了這種方法。爲了打發時間，希爾的爸爸開始照著漫畫書的一個個畫格加以描摹，偶爾添加自己的內容，以及更改情節。這樣的做法對他幫助很大。他後來雖然不再畫漫畫，卻賣出了三億五千萬本書。他的名字是史蒂芬・金。

史蒂芬・金和希爾都採用了不同型態的臨摹做法。這種技術由富蘭克林普及，並且受到費茲傑羅、傑克・倫敦與杭特・湯普遜等文學大家親身實踐。他們會先研究一份卓越的文字作品，接著放在一旁，憑著記憶把那份作品重新寫出來，最後再比較自己的版本和原版有什麼不同。

我們現在頌揚為創意天才的許多畫家，在他們的創作生涯裡都曾經投注許多時間在臨摹上。莫內、畢卡索、瑪麗．卡薩特、高更與塞尚，全都藉著摹畫法國畫家德拉克羅瓦的作品而發展出各自的技巧。至於德拉克羅瓦自己，也在成長過程中投注好幾年時間臨摹仰慕的文藝復興時代藝術家。即使是那些文藝復興時代大家，諸如拉斐爾、達文西、米開朗基羅，也經常複製包括他們彼此在內的藝術同行所創作的作品，以藉此精進自身技藝。

臨摹之所以這麼有效，是因為這種做法迫使藝術家或作家不只是回想內容。複製作品的行為，要求他們必須仔細留意作者在原創作品裡做出的組織決定，以及表現出來的風格傾向。這樣的做法可讓新手重新經歷作者的創作旅程，並把新手自己的本能傾向拿來和大師做出的決定互相比較。

最後你可以從中看出決策模式。一旦藝術家或作家的潛藏密碼被破解，就可以界定、分析，並且用於產製原創作品。

書籍、歌曲和照片的逆向工程入門

臨摹是揭露隱藏公式的一個方法，但絕非唯一途徑。另一個廣受非文學類作家喜愛的做法，是瀏覽書籍末尾的注釋，檢視那本書的作者撰寫該著作時參考的原始文獻。這種做法相當於在餐廳享用一頓美味餐點之後，跑進廚房裡打開主廚的食品儲藏櫃，查看主廚使用了哪些食材。

索引也同樣受到重視，因爲索引有助於作家了解該書作者的思考方式，有時甚至也可以讓作者了解自己的思考方式。舉例而言，查克．克羅斯特曼（Chuck Klosterman）就很喜歡閱讀自己新書的索引，因爲可以從中對自己有許多了解。他在近期一本文集的引言裡寫道：「探索你創作的書籍結尾的索引，就像是找人用斧頭把你的腦袋劈開，好讓你檢視自己腦子裡的內容。索引是你的意識依照字母順序編目之後呈現出來的結果。」

在文學創作當中，找尋成功模式這件事可以一路追溯到古希臘。在《詩學》裡，亞里斯多德針對他認爲最傑出的故事有何不同提出分析。結論包括：三段式結構（開頭、中段、結尾），以及善用令人意外的安排，尤其是涉及命運翻轉的劇情轉折。

到了比較晚近，文學巨匠馮內果介紹一種極爲有趣的工具，可以用來揭露故事的結構。

你如果讀過很多小說或者看過許多電影，大概會注意到大多數的敘事都依循一種公式，由少數幾種固定情節變化而成，像是主角是「白手起家」（例如：《洛基》《孤雛淚》《一級玩家》）、「男孩遇見女孩」（例如：《火爆浪子》《簡愛》，以及大多數愛情喜劇），還有「英雄旅程」（例如：《星際大戰》《獅子王》《魔戒》）。

這些情節之所以如此引人入勝，原因是其中個別的情感曲線。典型的白手起家故事，例如《小子難纏》，乃是帶領觀眾踏上一段從負面到正面情緒的正向旅程，看著受到忽視的主角在開頭遭人鄙夷嘲笑，到了結尾則是成爲值得重視、欣賞以及讚揚的人物。

相較之下，像是《綠野仙蹤》這樣的英雄旅程故事，其情感歷程則頗爲不同。在這種故事裡，一個尋常的人物原本過著平凡生活，卻因爲出乎意料的事件而陷入危險。接下來的發展讓人在情感上有如搭乘雲霄飛車一般，只見主角跨過一個接著一個的障礙、克服極其困難的情勢、掌握不確定性，並且在一路上獲取技能，增進自信。

馮內果認爲世界上最廣受喜愛的故事，包括《聖經》、文學經典以及賣座電影情節，都可以用六種發展軌跡概括：

1. 由窮困潦倒到功成名就（上升式的情感曲線）。
2. 由功成名就到窮困潦倒（下降式的情感曲線）。
3. 身陷洞裡（先是落入谷底，接著攀上高峰）。

4. 伊卡洛斯（先是高高在上，接著落入谷底）。
5. 灰姑娘（崛起，跌落，崛起）。
6. 伊底帕斯（跌落，崛起，跌落）。

要破解一則故事的情感曲線，馮內果建議採用一項簡單的做法：把主角的運勢記錄在一份圖表當中（見左頁圖）。

這種做法深具啓發性，而且不只能用於分析成功的小說與電影，作家也可以套用在自己的作品上，藉此獲得高空俯瞰的觀點，從而看出自己的故事裡有哪些情節阻滯或者削弱了情感曲線。

幾年前，距離馮內果首度提出這項理論將近七十年之後，資料科學家探究了兩個巨大的資料庫，一個有將近兩千本小說，另一個有超過六千部電影劇本，結果獲得無可否認的證據，支持大多數故事都依循這六種敘事曲線的論點。

今天，馮內果以他驚世駭俗的科幻小說著稱，但他對於文學更加恆久的貢獻，也許會是他爲作家提供的這項分析工具，讓他們能夠剖析欣賞別人的內容，並精修自己的原創作品。

雖然直到近年，在熱門小說裡找尋致勝模式的做法才再度受到注意，但這種做法

灰姑娘

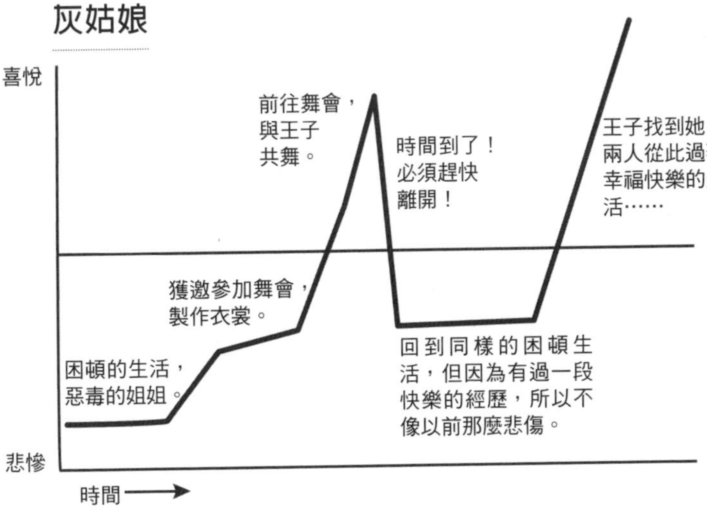
喜悅
悲慘
時間
困頓的生活，
惡毒的姐姐。
獲邀參加舞會，
製作衣裳。
前往舞會，
與王子
共舞。
時間到了！
必須趕快
離開！
回到同樣的困頓生
活，但因為有過一段
快樂的經歷，所以不
像以前那麼悲傷。
王子找到她，
兩人從此過著
幸福快樂的生
活……

《安妮》（電影版）

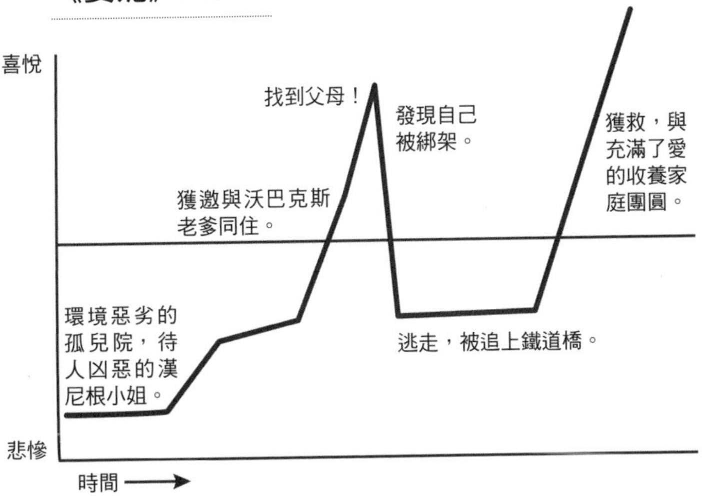
喜悅
悲慘
時間
環境惡劣的
孤兒院，待
人凶惡的漢
尼根小姐。
獲邀與沃巴克斯
老爹同住。
找到父母！
發現自己
被綁架。
逃走，被追上鐵道橋。
獲救，與
充滿了愛
的收養家
庭團圓。

早在多年前開始，就一直是音樂教育裡的根本元素。畢竟，學習彈奏樂器就必須主動依照一個個音符複製出歌曲。

新手也許會從〈小星星〉或者〈生日快樂〉開始，再慢慢進展至路易斯・阿姆斯壯、莫札特或者麗珠（Lizzo）的作品。這樣的程序使得剛起步的音樂家必須仔細檢視歌曲的旋律、和弦進行，以及編曲。

這樣的傳統，也許能夠解釋音樂人為什麼遠比其他領域的創作者更能坦然面對自己對歌曲從事逆向工程的做法。

要看看他們在這方面有多坦然，只要到YouTube搜尋一番就知道了。只要是稍有名氣的歌曲，大概都可以找到有人示範怎麼用樂器彈奏。

不久以前，你如果想學習一首熱門歌曲，必須找上有經驗的樂手，或是到音樂商店去購買樂譜，但現在已經不必了。有個叫做「Capo」的應用程式，可以載入你iPhone上的任何一首歌曲，然後立刻產生那首歌的和弦、節奏與音調。

音樂人以揭露彼此的訣竅為傲，而且不是只有他們會這樣做。積極進取的攝影師也是如此。

大多數人看照片時，只是注意觀看物體，但專業攝影師會把注意力放在另一個完全不一樣的東西上：陰影。在多年經驗之下，他們已知道要掃視整個畫面，從中找出能夠揭露其構圖方式的線索。

陰影的長度與方向可以揭開許多訊息：由此可看出拍攝角度、時間，以及鏡頭光圈。還有陰影的豐富度與強度，鮮明清晰的邊緣代表硬光源，漫射的陰影則代表比較軟的光源。

這還只是起頭。經驗豐富的攝影師還會注意倒影，例如經常可見於相片主角眼中的倒影，藉此判定光源位於何處。他們也能夠藉著照片前景與背景之間的變形與對比程度，推測出相機鏡頭。

這一切都是他們把影像載入Photoshop從事更加仔細的電腦輔助分析**之前**、以經驗法則做出的判斷。

美味解密

一九八〇年代晚期，早在電子郵件出現之前，一封匿名信件四處寄到家家戶戶的信箱裡，信中宣稱揭露了「菲爾斯太太」（Mrs. Fields）這個品牌的巧克力餅乾配方。

這封信據說是由一名惱怒的顧客寄出，因爲她在一家菲爾斯太太商店買了這份配方，以爲自己支付的價格是二・五〇美元，結果看到信用卡帳單才知道自己被收了二百五十美元！她聲稱商家拒絕退費，於是公開配方報仇。

不過，數以百計的家庭廚師非常失望，因爲信裡的配方是假的。儘管如此，這份配方卻造成一個結果：啓發托德．威爾伯（Todd Wilbur）踏上一條不尋常的職業道路。

威爾伯是「最高機密食譜」（Top Secret Recipes）背後的主腦。這是料理界一個重量級品牌，至今已推出十本暢銷書、一個實境電視節目，以及一系列有專利的混合香料與醃料（由這品牌推出專利商品實在頗爲諷刺）。

威爾伯對於那封造假信件引起的轟動深感著迷，於是放下一切，致力於破解所有人都想知道的那份餅乾配方。在三個星期的時間裡，他把自己的廚房變成臨時科學實驗室，做了數以千計的餅乾，每烤出一批，就和店裡買來的菲爾斯太太餅乾比較，詳細記錄其間的異同，然後調整配方，直到他認定自己破解了祕方爲止。

而威爾伯就此迷上這種解密做法。他的下一個目標是麥當勞的大麥克漢堡，接著是溫娣漢堡的辣醬湯，以及「女主人」（Hostess）品牌的金奇蛋糕（Twinkies）。過去二十五年來，威爾伯已對數以百計的速食餐點進行逆向工程。他最近的一本書主打的文案是「複製之樂」（the joy of cloning），諧仿了《廚藝之樂》（*Joy of Cooking*）這本經典烹飪書的書名。

威爾伯的探究行爲雖然極端，但他這種對於重現菜餚的喜好卻一點都不罕見，唯一比較獨特的是他會出版自己嘗試之後的結果。解譯成功的菜餚是廚師尋求靈感、測試自己的知識，並且習得新技能的方法。得過「美食界奧斯卡」詹姆斯比爾德大獎的廚師蜜雪兒．伯恩斯坦（Michelle Bernstein）向別人提供的指引當中，就隱含這項洞見。她總是向自己雇用的廚師提出忠告：有多餘的錢就花在外食上。

理由很簡單：觀察卓越的事物，能夠啓發你心智的全新可能性。

若想探究其他廚師的成果，上餐廳只是選項之一。在當今時代，我們可以輕易分析全球各地的餐廳菜單、找到廚師展示自身技藝的影片，也能夠研究心滿意足的饕客上傳至網路的照片。

但只有在遇見一道不尋常或者啓發靈感的菜餚之時，才會出現眞正有趣的發展。這時滿心好奇的廚師，就會變成結合了私家偵探與化學家特質的人物。他們的第一項任務是什麼？揭露一道菜餚的食材。

新手廚師也許可以先到網路上搜尋相關食譜，比較各種做法，辨識出其中的共通處。另一方面，經驗比較豐富的廚師則是能善用自己廣博的經驗，透過自己的味蕾做出推測。

接下來，就要驗證假設了。

自己的猜測對不對？而驗證最唾手可得的機會就是隨口詢問餐廳侍者。一名臥底廚師也許會以閒聊的語氣問道：「我嚐到的這個味道是薑嗎？」更好的方法是佯裝打賭：「可以請你幫我們當裁判嗎？我很確定我嚐到了百里香的味道，可是我先生卻說是龍蒿。你說，哪一個人的味蕾比較敏銳呢？」

另一種策略，則是外帶菜餚。帶回家裡，廚師可以細細解構一道菜裡的所有元素，例如：把醬汁倒在白色的盤子上，以便看出其中不同材料的對比，並且利用鑷子與放大鏡仔細觀察其中的成分，一面品嚐，一面猜測。

廚師對別人做的菜進行逆向工程，究竟是想要尋求什麼？答案不是單純複製出那道菜的配方。畢竟，任何一位自重的廚師都不會刻意抄襲別人的菜餚，進而謊稱是自己的招牌菜。他們找尋的是新奇的技術與潛藏其中的模式，以便應用在其他菜餚上，擴展自己的料理範圍。

一位觀察入微的廚師可能會發現許多通則，其中一項就是對比的重要性。令人難忘的菜餚極少會只有單一種調性，通常還有互相對比的元素，給予味蕾意料之外的刺激，吸引用餐者仔細品嚐。

這種對比可以是柔軟與酥脆（例如：嫩葉沙拉搭配葵花籽）、甜味與辣味（例如：烤雞翅）、深沉與淺淡的顏色（例如：把巴西利和紅胡椒粒切碎，灑在剛煎好的牛排上），甚至是熱與冷（例如：烤蘋果酥加上香草冰淇淋）。

另外還有其他原則，則是藉著注意到某些風味之間自然而然的美妙搭配而來。在音樂當中，歌曲是建立在由音符組合而成的和弦這種基礎上：有些音符一起彈奏會形成和聲，帶給人愉悅的感受。

在食物當中也可以得到類似的觀察：

羅勒＋莫札瑞拉起司＋番茄

大蒜＋薑＋醬油

椰子＋薄荷＋辣椒

這些組合都各自形成獨特的「風味和弦」——美食作家凱倫·佩吉（Karen Page）用這個詞語描述那些一再出現於各種菜餚當中的食材組合。藉著揭開簾幕，明白指出一道菜餚核心的風味組合，廚師即可擴展自己的做菜技能，發現新的機會。

知名廚師張錫鎬藉著運用他在自己料理生涯初期發現的一種模式，而建立一個美食帝國。他不但是得過詹姆斯比爾德大獎的名廚，也創辦桃福（Momofuku）這個發展興旺的集團，在全球各地開設超過四十家餐廳。他把這項模式稱爲「統一美味理論」。

不久之前，他在《連線》雜誌當中寫道：「你如果吃到美妙的東西，不會只是對面前的菜餚產生反應，而是幾乎總會回想起人生中的另一個時刻……要達到這樣的效果，最簡單的方法就是做出大家已經吃過幾百萬次的東西。不過，效果更強烈的做法，則是在做一道看似**陌生**的菜餚時喚起這種味道記憶——一面維持不變的基本模式，卻在同時徹底改變周圍環境。」

張錫鎬的洞見是，品嚐到一種在年少時期體驗過但是遺忘已久的味道，會喚起洶湧的情感，尤其是這味道如果出現於出乎意料的情況下。根據這項觀點，要創造能引人共鳴的菜餚，重點不只在於端出美味的食物，而是要在對方最意想不到的情況下引發童年記憶。*

張錫鎬怎麼應用這個公式？

他的做法是找出在美食傳統裡能夠引起共鳴的風味組合，然後在外國料理之中找出類似的東西。

以他賴以在紐約市美食圈立穩腳跟的那道菜餚爲例：桃福的刈包。菜色簡單，只由少數幾種食材構成：蒸麵皮、肥肉，以及咬起來極爲爽脆的醃黃瓜。看在挑剔的食客眼中，這道菜相當奇怪，混雜了不尋常的顏色和古怪的口感。唯有等到他們終於鼓起勇氣咬下第一口，印象才會改變。在理智上，張錫鎬膽敢打賭他們一定會覺得這道菜餚很美味；在潛意識當中，他希望這道菜能夠激起的記憶，則是美國經典美食：培根生菜番茄三明治。

找出潛在的模式——比如張錫鎬用來爲桃福打響名號的模式——不僅限於藝術領域。不只有作家、畫家、音樂家、攝影師和廚師會解構別人的作品，以尋求其中潛藏的密碼，成功的創業家也會這麼做。

對市值十億美元的連鎖商進行逆向工程

像是貝佐斯、馬克．庫班與理查．布蘭森這樣的名人創業家，和其他人有什麼不同？研究顯示，重點不只在於他們的創意、才智以及衝勁。成功的創業家還擅長另一件事情：辨識模式。他們擁有一種非凡能力，可以把自己在過去觀察到的成功和目前市場上的變化連結起來，從中看出有利可圖的機會。

*懷舊研究者會主張廚師張錫鎬是利用「療癒食物」的力量。療癒食物確實能促成正面情緒以及降低壓力，並且不只是因為這種食物（通常）富含脂肪，而是因為以細膩的方式提醒我們在兒時享有的緊密關係，尤其是過去做菜給我們吃的親人。

一想到創業家，我們常是想到富有創意的解決方案、新穎的點子，尤其是原創性。然而，事實顯示這樣的想法大錯特錯。

研究顯示，只有新手創業家才會聚焦於新奇性。

比較有經驗的創業家——這樣的創業家投注數十年時間領導成功企業，並且能夠穩定地每隔幾年就創立獲利豐厚的公司——他們聚焦的是另一種完全不同的東西：**可行性**。

你如果在與朋友共進晚餐時，向他們提出你的創業構想，那麼他們感興趣的程度大概會取決於你的構想具有多高的原創性；但你要是向有經驗的企業老闆提出相同的構想，他們則會聚焦於顧客需求、生產與產能的運籌，還有預計現金流量等可行性。

數十年的經驗教導了他們，成功的企業都具備某種模式。有幾個關鍵要素通常可以預示一項創業嘗試是否能夠發展興隆，而最能夠明白這一點的方法，就是參考其他獲利豐厚的公司採行的商業模式。

明智的創業家可能會推論出哪些模式？首先，致勝商業策略可以應用在不同的產業裡。

一九七〇年代，舊金山廚師史蒂夫·艾爾斯（Steve Ells）打算開一家墨西哥快餐店，但他知道自己的餐館要脫穎而出，機會微乎其微。灣區已經充斥許許多多的墨西哥餐館，競爭之激烈令人望而生畏。爲了實現自己的點子，開設方便快速用餐的墨西哥餐廳，他於是找了個塔可餅相對罕見的地方：丹佛市。他把這家餐廳取名爲奇波雷（Chipotle）。

艾爾斯原本沒有成立加盟連鎖店的構想，只是純粹想賺進足夠支付房租的營收。不過，門口開始排起人龍之後，餐廳的潛力已顯而易見。

艾爾斯的故事之所以吸引人，原因是他這家店的成功在相當程度上可以追溯到單獨一項決定：把在某個地點極爲熱門的產品，引介到另一個全新的地理區域。這種做法絕對不只適用在賣塔可餅上。

藉著找出像奇波雷墨西哥餐館這類個案背後的商業策略，富有經驗的創業家就會建立一套心理資料庫，裡頭儲存了各種經實證有效的藍圖。

正因如此，他們才能迅速看出新興的機會，也才能以自己都應接不暇的速度不斷產生各種賺錢的點子。

看看奇波雷的案例可能會讓富有前瞻眼光的創業家想出多少應用方式：

商業藍圖

把一項已經實證能夠暢銷的產品，引進另一個新市場。

可能的應用方式：

- 我可以把自己住處周圍的哪些熱門料理、飲料或甜點，引介到其他地方？
- 我可以把自己住處周圍的哪些熱門實體商品，引介到其他地方？
- 我可以把自己住處周圍的哪些服務，引介到其他地方？

接著，當然還可以把這公式反過來運用：

- 我可以把其他地方的哪些熱門料理、飲料或甜點，引進我的住處周圍？
- 我可以把其他地方的哪些熱門實體商品，引進我的住處周圍？
- 我可以把其他地方的哪些熱門服務，引進我的住處周圍？

奇波雷是利用這種藍圖而崛起的許多連鎖企業當中的一個例子，另一個則是星巴克。

一九八〇年代，星巴克只有少數幾家向咖啡行家販賣咖啡豆的商店。後來，星巴克雇用了曾是全錄推銷員的霍華．舒茲擔任行銷總監。舒茲上任不久之後走訪米蘭，首度看到義式咖啡吧，對此著迷不已。美國完全沒有像這樣的東西。美國人習於飲用索然無味的超市咖啡，而所謂的咖啡廳，也只不過是裝潢比較漂亮的快餐店而已。咖啡館文化有可能在西雅圖普及開來嗎？

星巴克的領導層絲毫無意找出這個問題的答案。他們堅決不願涉入餐飲業。不過，舒茲堅持不懈，最後終於說服了該公司的執行長放手讓他執行一項試驗計畫。這項計畫成果斐然。然而，計畫的成果雖然廣受喜愛，星巴克的創辦人卻還是反對舒茲進一步展店。

舒茲在不得已之下只好辭職，開設自己的義式咖啡吧。他起步的構想與嘗試，顯示了他的商業模型有多仰賴於在西雅圖重現（或者移植）他在義大利享受到的那種體驗。舒茲的店以米蘭一份義大利報紙為名，叫「Il Giornale」（字面意思為「日報」）。這家店的咖啡師身穿白色襯衫，並且打著領結，店裡播放歌劇音樂，菜單上也充滿義大利用語。幾年後，舒茲的老雇主想賣掉咖啡豆事業，這時他已有足夠的錢可以出手了。他把這兩家企業合併起來，但仍然使用星巴克這個原本的名字。

在外人眼中，創業家看起來有如天才，擁有無窮無盡的點子，而且似乎具備能夠提出商業構想的神奇能力。不過，一旦你也開始採取公式思考之後，就會發現創業機會其實無所不在。

武器、藥物與汽車解密

不過，逆向工程的嘗試不全都只是由精明的行銷者分析熱門連鎖商這麼簡單。有時會涉及巨大的利害關係，因爲在某些產業裡，逆向工程乃是生死攸關。

假設你是世界級領袖人物，而你的國家捲入一場戰爭。這時候，跟你關係密切的盟友研發出一種破壞力強大的新武器，使得整個局勢轉爲對你有利。你原本爲此開心不已，卻在與盟友展開合作的那一刻，才想到一件事：戰爭結束後會怎麼樣？在友邦的軍力比你強的世界裡，你的國家眞能安全無虞嗎？

史達林在一九四四年就曾經面對同樣的問題。美國剛公開B-29超級堡壘轟炸機，也就是後來對廣島與長崎投下原子彈的機型。這架轟炸機徹底改變了戰爭形勢。蘇聯雖然擁有核子武器，卻沒有適當的運輸機能載運並投射核武，對敵國構成重大威脅。

所以，B-29轟炸機在戰爭期間一度緊急降落於俄國東部城市海參威時，史達林的手下就看出了機會。他們立刻行動，把那架飛機拆解開來，對每一個零件秤重、測量，以及記錄。一大群設計師與工程師，連同奉命生產必要零件的國營工廠，匆忙複製了這架飛機的每一個部分。

短短三年後，蘇聯就在一年一度的軍事航空展發表一架長程轟炸機，稱爲Tu-4轟炸機。除了名字不同，這架飛機和B-29轟炸機根本一模一樣！

對扣得的武器進行逆向工程，並不是俄國的專利。軍事科技進展史上充滿類似的故事。實際上，直到今天也還這麼做。單是在過去十年裡，伊朗軍方據報就以逆向工程複製了噴射戰鬥機、直升機、飛彈、號稱「堅不可摧」的悍馬，以及洛克希德馬丁公司的高科技軍事間諜無人機。而且，這些還只是我們知道的武器而已。

逆向工程雖然讓致命武器激增，但這只是一個極端而已。在光譜另一端，則是逆向工程對於醫藥界毋庸置疑的貢獻。

今天，我們服用的藥物有超過百分之九十都是學名藥，也就是仿照大藥廠專利配方製成。這也帶來了非凡的效益，如果沒有學名藥，世界上就會有一大部分的人口無法取得救命藥物。

大多數消費者都以爲藥物專利一旦到期，配方就會公開，而讓其他藥廠能用來生產學名藥。不過，實際上卻鮮少如此。

藥廠經常會大打司法與法規戰，藉此阻止配方公開。學名藥極少是利用既有配方製造出來，而是透過一連串複雜的實驗室方法研發而成，這些方法合稱爲「分解」（deformulation）——這個名稱來自於科學家可藉此進行反向研究，把一顆藥丸從成品轉變成個別的化學成分。

從事分解不需要受過數十年的教育，也不需要有昂貴的實驗室。任何人只要有網路和信用卡，即可透過全球各地許多專門實驗室得出結果。那些實驗室都號稱自己擁有多年經驗，解構過遠遠不僅限於藥物的各種物品。他們提供的服務，可以揭露各式各樣的產品配方，包括高級化妝品、洗髮精、香水，乃至油漆、黏膠，以及洗衣精。

費用呢？兩千美元即可成功解密。

數十年前，要拆解一項成功的產品，找出其中成分，列出確切藍圖，必須投注大量時間與資金才能成功。現在不用了。此外，有些製造商雖然會埋怨自己的發明輕易被人重造，另外有些人卻抱持比較開明的態度。

以汽車業爲例。長久以來，逆向工程在該產業裡都扮演關鍵角色。一九三三年，豐田喜一郎拆解了一輛新的雪佛蘭汽車之後，就說服他的家族從生產織布機擴展範圍，創立汽車研發計畫。三年後，他們造出第一輛車，並把這家新成立的公司取名爲豐田（他的家族姓氏是「Toyoda」，公司名稱則是「Toyota」，是把家族姓氏簡化成八個筆畫之後的結果，原因是日本人把「八」視爲幸運數字）。

將近一個世紀之後，豐田喜一郎當時特立獨行的做法，現在已成了標準作業。今天，汽車製造商經常拆解競爭對手車輛，只不過不稱爲逆向工程，而叫「競爭性標竿學習」。

如同史達林的軍隊，一群工程師會聚集到一輛競爭對手的車子前面，開始有條不紊地拆解，卸下一個個零件，仔細記錄他們的發現，以便找尋科技進展、潛在的成本節省方法，以及得以推測出對手策略方向的線索。

汽車產業之所以特別接受此道，不只是因爲所有汽車大廠都會對自己的競爭對手進行逆向工程，更是因爲近年來，汽車製造商已開始集體分擔競爭情報的生產成本，就算被破解的是自家產品專利，也在所不惜。

這是由A2Mac1這家精明的法國公司一手促成。該公司由一對深深著迷於汽車的兄弟創立於一九九七年，其業務就是拆解車輛，然後以訂閱服務方式販售分析報告。他們建立一套有如網飛（Netflix）的資料庫，內含超過六百部車輛的「拆卸結果」，還有對每一個零件的詳細分析，就算是最小的螺栓也記錄了重量、形狀，以及製造商。A2Mac1甚至允許訂閱者現場檢視個別的車輛零件，近來也開始對零件進行3D掃描，讓顧客能夠透過虛擬實境眼鏡遠距觀察這些零件。

你如果曾納悶汽車在過去二十年來爲何變得遠比先前安全可靠許多，部分功勞可能要歸給A2Mac1。*藉著賦予汽車製造商更容易向彼此學習的能力，讓整個產業在短得驚人的時間裡表現大幅提升。

與其反對逆向工程或者否認這種做法的存在，汽車業反而共同體認到分享知識其實更可帶來遍及整個產業的重大效益。

「原創」和「創意」是兩回事

探究並且解析別人作品的做法背負了汙名，尤其在涉及創意的領域裡。會有這種現象，原因是一般人都認爲創意需要原創性，而原創性依其定義而言，根本不可能在別人的作品當中找到。

創意產業人士之所以對模仿與抄襲的指控如此敏感，確實有充分理由。這就是爲什麼有些人擔心仔細研究別人的作品，會影響自己的創作方式、鼓勵模仿，害自己淪爲抄襲別人的冒牌貨。

不過，這種觀點其實是以錯誤的方法來思考「創意」，背後反映的是種理想化的嚴格要求，不但不切實際，反而適得其反，尤其是在日新月異的創意領域裡。

首先，創意來自於融合各種點子，而非閉門造車。人一旦接觸到新概念與新鮮觀點，就會湧現極度旺盛的創造力。這就是爲什麼創造力的最佳預測指標之一是「對於各種體驗保持開放態度」。主動尋求新奇體驗、欣然接納好奇心，並像愛麗絲一樣勇敢跳進兔子洞裡的人，會遠比那些封閉自己、跟外界隔絕的人更具創意。

第二，原創性和創意是兩回事。提出新概念的人經常僵固於特定的思考方式，以致無法爲自己的「原創」構想找到重要而新奇的應用方式。商業界就充斥了「先驅」遭到鬥志旺盛且富創意的競爭對手後來居上的實例。掌上型電腦PalmPilot、電視遊戲機雅達利（Atari）、網路搜尋引擎AltaVista、社交網站Friendster，以及網路服務供應商美國線上（America Online）都必然會承認：搶得先機不等於最爲傑出。

最後一點，逆向工程不但不會阻礙你發揮創意，還有機會習得新技能，從而促使自己以全新方式發揮生產力。這點很重要，尤其是以現在大多數產業的演進速度而言。利用週末時間對全世界最成功的部落格進行逆向工程，如果可以促使你在星期一上午推出吸睛的全新部落格，把破解得出的最佳實踐方法和自己的利基專長結合，就代表你有

---

* 過去十年來，十年車齡的中古車均價已上漲百分之七十五，但新車的均價卻只上漲了百分之二十五。中古車的保值時間已遠比以前更長。

效擴張了自己的創意力與觸及率。

簡單來說：與逆向工程相反的不是原創性，而是戴著智識眼罩行事。

當然，也有人會濫用本書分享的方法。有些公司的商業模式就是抄襲致勝產品，再以低價賣給顧客，也有些國家毫不注重國外廠商的智慧財產權。

不過，聚焦於負面例子，其實是搞錯重點，因爲寄生性仿冒者的存在不會消除逆向工程的教育價值，就像連續殺人犯的存在也不會否定餐刀有多實用。

大多數專業人士都無意抄襲既有產品，而是追求遠遠更加重要且有價值的東西：一種證明有效的做法，可以新方式應用在新情境。

有些人認爲研究自己欣賞的作品當中潛藏的公式，可能會遏抑個人創意，這雖然是種合理猜測，證據卻一再顯示實際上恰恰相反。

抄襲有助提升原創性？

一天晚上，你喝著飲料跟大家閒聊時，朋友邀請你參加一場週末繪畫工作坊。你雖然沒什麼美術天分，但是很喜歡這個朋友，也不排斥來點休閒活動。在大腦還沒來得及反應過來之前，你脫口而出：「好啊，有何不可？」

到了美術教室，你才發現情形和你想像的不一樣：你和你的朋友被分到不同組別。你正準備抗議，老師卻接著指出，到了工作坊結束時，每一組的最後成品將由一位職業藝術家評分。「我們要知道誰比較有創意！」聽到這句話，你頓時起了競爭之心，而你朋友也一樣興奮。兩人都一心想贏。

但老師沒告訴你的是（你直到結束後才發現這一點），你和你朋友接受的指導並不一樣。你這一組得到的指示是素描一件接一件的物品，持續三天不停這麼做，而你朋友那一組得到的指示雖然也很相似，卻有一個主要的差別：除了素描物品之外，他們在第二天必須模仿一幅專業畫作，然後再回頭繼續素描物品。

這時候該問的是：在工作坊最後一天，哪個人會比較有創意？是花了一整個週末繪製原創作品的你？還是除了繪製自己的作品之外，還抽時間複製一幅職業作品的友人？

這就是二〇一七年發表於《認知科學》期刊（*Cognitive Science*）一篇引人入勝的論文提問。東京大學的創意專家岡田猛與石橋健太郎做了一系列的實驗，包括一場爲期三天的工作坊，就像我剛剛請你思考的例子一樣。他們得到的發現，也挑戰了我們大多數人對於創意所抱持的想法。

複製模仿專業藝術家的作品，不僅在後來的繪畫活動當中引發更多創意，而且還是憑藉著與那幅作品無關的內容做到這一點的。換句話說，這麼做不只促使人模仿既有做法，還會開啓好奇心與開放心態，激勵人把自己的作品帶往新鮮而且出乎意料的方向。

在這裡先暫停一下，承認這顯而易見的事實：聲稱複製模仿既有的作品能夠帶來更多創意，實在是極度違反直覺。畢竟，抄襲不是正與原創性相反的極端嗎？那麼，兩位研究者該怎麼解釋這項發現？

他們解釋，就是把複製模仿行爲本身，以及後續受到這項行爲啓發的作品區分開來。在短期內，複製一件作品不會帶來創意，催生創意的神奇結果要等到**事後**才會發生。

複製的過程——也就是仔細分析一件作品、解構其中的關鍵元素，再重建那件作品——是一種轉化性的心理活動，能夠爲思維模式帶來絕妙的效果。不同於消極欣賞一件作品的體驗，複製模仿迫使我們仔細地投入注意力，思考其中的細節以及出乎意料的技藝。

不過，複製模仿不只是強化版的仔細檢視，也會迫使我們思考那名藝術家所做出的決定，並且更加敏銳察覺到自己過去常忽略的機會。這麼一來，就會對習以爲常的原本做法提出質疑，促使我們接受新式的思考法，激勵自己找出潛藏在作品裡的創意機會。

相對之下，悶著頭向內探尋創意點子，則極少能夠帶來太多的進展。研究顯示，單純專注於自己的作品而避免外來影響，長久下來會導致我們越來越缺乏創意。心理學家有許多專有名詞可以稱呼這種因執著於單一問題太久而造成的認知陷阱——定勢效應、心向、功能固著——而這一切都可以用這句簡短的話概括：孤獨工作有其代價。在這種情況下，能思考的選項不免會比較少，也不免會一再重複使用相同的點子，或是回頭使用過去曾奏效的熟悉解決方案。

還不只如此。隨著時間過去，我們會認定好解方必然具有特定樣貌，從而進一步限制自己的思考模式。於是，在腦子翻來覆去思考一個問題越久，就越不可能無意間發現真正創新的構想。

複製模仿不只不會剝奪我們的原創性，還可以打破惡性循環。複製模仿會對我們的假設提出質疑、放寬認知限制，並打開心胸接納新觀點。解構我們欣賞的作品並不會削弱自身創意或導致只能創造出了無新意的作品。恰恰相反：解構別人的作品是一項不可或缺的工具，能夠打破自己卡住的隱藏障礙。

所以要怎麼做到呢？你要怎麼拆解欣賞的作品——不論是你最喜歡的播客節目、競爭對手的網站，還是奧斯卡得獎電影——獲取其中的公式，從而解放你自己的創意？

CH 2 像演算法一樣思考

艾莉莎．納森在二十二歲那年認識了喬許．亞諾維。他們靦腆地互傳幾則簡訊，接著又多傳了幾則。喬許提議相約外出。

他們第一次約會是到一家繪畫品酒工作室，玩得很開心。過了一會兒，艾莉莎發現工作室裡已經沒有別人，員工也忙著打掃。她向其中一名員工詢問是不是準備打烊了。「親愛的，我們在四十五分鐘以前就已經打烊了。」

時間雖然已經很晚，但他們還不打算結束這場約會，一點也不想。他們一時興起，走進了喬許非常喜歡的披薩餐館，共享一片美味的蘑菇披薩，還有他們之間的第一個吻。這是一場完美的約會。不到兩年後，他們已決定共度一生，並且正在敲定婚禮的計畫。

艾莉莎與喬許能夠結婚，必須歸功於演算法。他們在網路上認識，而且是在全世界最熱門的交友應用程式上：Tinder。

不久之前，在網站上找伴侶還被視爲別無選擇的無奈之舉。不過，這種汙名在今天已經消失。研究顯示，現在有將近四成的感情關係都是始於網路交友，而且通常比實體約會展開的關係**更**成功。換句話說，透過網路交往更有可能走向艾莉莎與喬許那種有如童話故事般的醉人結局。

線上交友軟體在伴侶配對上之所以那麼有效，原因是利用了機器學習辨識使用者沒有言明的偏好——就連一般人可能都沒意識到自己擁有的特殊偏好。舉例來說，每次只要有個像艾莉莎這樣的使用者接受一名交友建議對象，或是對一張照片看得比較久，或是點選細看某人的個人檔案，或是回應一則訊息，Tinder的演算法就會記錄下來。這些行爲表示使用者對於那名對象感興趣。然後，演算法把獲得艾莉莎投注時間與注意力的所有男子挑出來，分析他們共通的特色。這些男子都是高還是矮？他們平均幾歲？根據他們的個人檔案，這些男子是外向又熱愛冒險，還是愛看書又內向？

Tinder演算法想求出一種配方，能夠捕捉到艾莉莎心目中理想的男人擁有的特徵。演算法越是能夠辨識她的偏好，就越能提出吸引她的追求者清單，而她找到真命天子的機會也越大。

往回倒推，得出致勝公式

近年來，像Tinder使用的這種演算法已顛覆許多產業，一大原因就是演算法能夠迅速偵測出模式。從數以千計的點擊、頁面捲動以及滑動的動作中，提煉出一道公式，再以此預測未來行爲，這也帶給各種領域深遠的影響，包括商業、科技，乃至愛情。

這樣的過程也與逆向工程有明顯可見的共通之處。把一個引人入勝的故事、一首交響樂，或者一張照片轉變爲一道配方，同樣也需要推斷遠超出單一例子當中明顯可見的元素。從事逆向工程，需要後退一步、推測模式，並且提出公式。

就許多方面來看，辨識模式是人類最擅長的事情。實際上，在許多世代當中，這是求生的基本要求。

在人類歷史上，我們的祖先都藉著辨識模式預測各式各樣的事物，包括在哪裡可以找到食物、什麼顏色的植物可能有毒，以及在一天當中的什麼時間進入莽原比較安全。要在一片危險的區域當中生存，你就必須能夠解讀周遭的環境，而推論接下來可能發生的事。在今天，擅長辨識模式也許不再生死攸關，但心理學家卻認爲這種能力在預測成功方面仍扮演了極重要的角色，而且也是高智商的核心面向之一。

然而，如同許多電腦科學家注意到的，由於科技的進展，現在電腦辨識模式的能力已遠遠勝過我們。

這點也因此引起一些令人好奇的提問：演算法爲什麼那麼善於辨識模式？我們如果要精進自己的逆向工程能力，又能夠從演算法當中學到什麼？

簡短的答案是，可以學到很多。

且讓我們從基本開始。模式辨識引擎具備四大要素，第一是**資料蒐集**。要預測什麼類型的男人能夠吸引艾莉莎，首先必須針對她喜歡與不喜歡的男人找出實際例子。這兩者都可從她的反應（點選了哪些男人的檔案）當中取得，而這就是第一步：蒐集例子。

第二是拆解例子，從中**找出重要變數**。這些男人的哪些**不同**之處有可能對艾莉莎的決定造成影響？明顯可見的是生理特徵，例如年齡、體重與身高。不過，接下來還有個人檔案的品質：他們上傳的照片數量、自傳的長度，還有他們的自我簡介裡傳達出來的人格類型。在這第二個階段辨識出越多變數，就越有機會精確抓出能夠吸引艾莉莎的要點。

第三是**偵測相似性**。艾莉莎感興趣的男人有哪些相同之處？他們有哪些共同的特徵？還有，遭到艾莉莎拒絕的男人呢？他們和她喜歡的對象有什麼不同？藉著比較這兩個群體的特質，交友演算法即可開始辨識出促使艾莉莎做出決定的元素。

最後一步，就是演算法利用分析結果，針對艾莉莎會喜歡的男人**做出預測**。如此一來，艾莉莎收到推薦選項後會越看越順眼，也更合乎她喜歡的類型。艾莉莎在應用程式裡接受或拒絕推薦對象的次數越多，演算法就越準確，用她回饋的資料持續修正預測並改進。

美食裡的隱藏公式：為什麼你無法抗拒自己最喜愛的菜餚

在變數有限的情況下，人類相當善於偵測模式，但超過一定的複雜度之後，我們的表現就會大幅下滑。而電腦演算法正是在這種情況下大大勝過我們。演算法能夠評估龐大的特質資料庫，同時分析多項元素，也能隨著新資料出現而即時更新預測。演算法也不像人類會下意識也受到他人期望和社會壓力影響，所以不怕提出非傳統的預測。

這些優勢疊加起來之後，與人類的差距就會越拉越大。舉個簡單的例子，看看ＩＢＭ怎麼悄悄顛覆了烹飪界。不久以前，在以ＩＢＭ的首任執行長湯瑪斯·華生（Thomas J. Watson）為名的機器學習程式「華生」當中，該公司的程式設計師輸入了兩類資訊，包括研究一般人認為美味的食物所得出的發現（這個領域稱為「享樂心理物理學」），以及《好胃口》雜誌（*Bon Appétit*）歷來的完整食譜檔案。他們把輸入這些資訊之後的程式稱為「華生主廚」，然後依據其偵測出來的模式，從資料當中產生出新菜餚的食譜。

結果極爲驚人，而且不只是因爲華生主廚提出的創新組合建議，而是因爲其演算法破解的潛藏原則。

如果談到一道菜餚的成功，經常只會聚焦單一因素：口味。不過，華生的分析顯示，一道菜餚之所以令人無可抗拒，原因乃在於香氣。原來，烤雞或豐盛的龍蝦濃湯發出的氣味，會啓動鼻子與喉嚨裡的受體，早在我們咬下第一口之前，就分沁大量令人愉悅的腦內啡釋入血液當中，以自己沒意識到的方式引起愜意感。

從華生主廚的發現當中獲得的第二項洞見又更加珍貴，對於處理資料的能力不亞於切菜技術的電腦廚師而言尤其如此。這項洞見就是，香氣的核心關鍵乃是一種數學組合。

你不需實際煮一道菜來確知這是否會產生怡人香氣，只需在電腦上打開 Excel 檔案，分析一份食譜的食材就行了。每種食材都帶有特定的化學物質，爲其賦予獨特香味，這些化學物質稱爲芳香族化合物。華生主廚的分析，就是揭露了贏得獎項與各方好評的菜餚當中其實潛藏共同模式：這些食材都具有許多**相同**的芳香族化合物。

這種以資料分析爲導向的洞見，利用複雜的數學運算掀開表象，深入挖掘，因此得以揭露肉眼不可見的結構，而華生主廚即是藉此解釋，爲什麼有些食物會受到世人一致喜愛。以披薩爲例：根據IBM計算，番茄、莫札瑞拉起司、帕瑪森起司以及烤餅皮含有超過一百種相同的芳香族化合物，所以披薩的組合才會讓人類的味蕾幾乎無法抗拒。

華生主廚也能利用這些洞見產出複雜而且驚世駭俗的新菜餚，是傳統廚師絕對不會考慮的食材組合。在華生推薦的新菜單裡有些較吸引人的例子：烤蘆筍搭配黑巧克力；烤鴨搭配番茄、橄欖與櫻桃；還有烤雞肉串搭配草莓、蘋果與蘑菇。

由此可見，就算是最富野心的烹飪專家，如果沒有電腦幫忙，也難以得出華生主廚分析出的結論。不過，從Tinder與華生背後的演算法採取的程序化做法還可以學到許多東西，尤其是針對我們希望仿效的作品進行逆向工程時。

接下來會進一步檢視演算法如何破解隱藏模式：從第一步的蒐集例子開始。

打造你的私人博物館

值得注意的是，這些爲了偵測模式而設計的電腦程式，採取的第一個行動不是**分析**，而是**蒐集**。這也和許多作家、音樂家以及設計師對自己的看法一致：不是工藝大師，而是蒐集者。他們貪婪吸收、執迷追求，並且不斷累積自己受到的影響，就像廚師追尋食材一樣。

歷史告訴我們，爲數驚人的頂尖人士早在踏入並且主導他們所屬的那個領域之前，就已自然而然喜歡蒐集他們欣賞的作品。安迪．沃荷蒐集藝術品，大衛．鮑伊蒐集唱片，茱莉亞．柴爾德（Julia Child）蒐集料理書。導演昆汀．塔倫提諾則是花了許多時間看電影，於是他家附近的錄影帶出租店雇用他擔任駐店電影專家，爲其他顧客提供建議，結果他又因此得以在白天利用上班時間看更多電影。在海明威去世之前，他的藏書室有超過九千本書，並且以每年增加將近兩百本新書的速度不斷成長。由此可見，索爾．貝婁（Saul Bellow）說得確實沒錯：「作家就是受到吸引而著手模仿的讀者。」

蒐集傑出的例子爲什麼如此重要？因爲成就精湛技能的第一步，就是看出別人的精湛技能。

對於許多知名人士而言，通向精湛技能的旅程皆始於同一種渴望，也就是盡可能地體驗他們所屬領域當中的作品。隨著時間過去，這種傾向會提升個人品味，促使他們對於自己欣賞的元素以及鄙夷的慣俗更加敏感。

於是，就像演算法藉著即時吸收新的輸入而持續改進，吸收眾多例子在一個人的專業生涯中也扮演了中心角色。小說家湯姆．佩羅塔（Tom Perrotta）編寫故事已超過三十年，直到今天，他仍把克制不了的閱讀癮頭視爲良好寫作能力的重要元素：「如果你不是隨時都在閱讀，那我猜你應該不是作家。這不是批評，只是作家的試金石而已。」

讓自己沉浸於範例當中，能夠促成技能的建構，而且是採取我們不會立即預期到的建構方式。別的不提，這種做法可讓人不刻意嘗試就能內化一個領域的慣例。研究顯示，接觸具有一種共同潛在結構的眾多範例，能夠促使你察覺到那些範例背後的模式，就算你沒有刻意要學什麼也一樣。認知心理學家把這種情形稱爲**內隱學習**。你如果曾經看著網飛的影集，發現自己對頭幾集的巧妙安排深感著迷，卻對那一季結尾公式化的老套結局感到厭煩，那麼這很可能就是內隱學習帶來的影響。

內隱學習也會擴展我們對於可能性的概念。我們經常聽人說起要成就精湛技能，最需要做到的一件事就是練習。你如果想專精一門技能，就需要明確的目標、立即的回饋，以及反覆練習。然而，這有個顯而易見的問題：你沒辦法練習自己從沒想過的點子。最傑出的點子不會產自長期的孤立練習，而是藏在大師的作品當中等著被人發現。

蒐集各式各樣的例子，也彰顯了不同影響所帶來的獨特貢獻。舉例而言，大多數的小說作家都知道，極少有作者能夠同時精通劇情、對話、人物發展、背景情境、氛圍，以及詞語挑選。經過數十年來閱讀各式各樣的作品，他們因此知道不同的作者各自擅長不同的元素。這樣的認知可讓他們以創新方式融合不同影響，以及在精進自己的作品時採用特定模型。

不過，廣泛蒐集並且挑出你覺得引人入勝的範例，還帶來另一項效益：在大量的作品當中比較容易找出模式。你有越多美妙的範例可以欣賞、研究以及解析，就越容易察覺出潛在的相同之處。

像破壞性創新大師一樣提問

蒐集範例之後，接下來該怎麼做？辨識出自己覺得強而有力並且引人共鳴的作品之後，要怎麼找出是什麼因素使得這些作品充滿吸引力？

這時，模式辨識演算法就會開始**大量分析**，首先是尋求造成某個例子和其他例子不同的元素，也就是「成功案例爲什麼獨特」的關鍵特質。

對於我們這些人類模式探測者而言，要做到這點就必須玩一玩許多人小時候都喜歡的遊戲「大家來找碴」。這遊戲的兒童版本是把兩張類似的圖片並排，要求觀者辨別其中的不同處。

這也可用來揭露潛藏在我們欣賞的範例當中的模式。

實際運用方式如下：假設你看到某個由小有名氣的健康大師設置的網站，其登入頁面新奇又迷人，立刻就吸引你的目光。你正準備登錄資料以獲取贈品，卻在這時停下來思考一下。「我通常不會訂閱電子報，」你心想，「那我爲什麼會受到這個網站的電子報吸引？」

一般的網站使用者在這時候只會聳聳肩，然後繼續做他們的事。不過，藉著大家來找碴的做法，你可以不只感到納悶。你已有具體提問，可以用來揭開造成這個登入頁面是否有效益的種種特質。

第一個問題，同時也是最明白可見的問題：「這個登入頁面和其他健康大師的登入頁面有什麼不一樣？」

這問題可以有其他的變化型，例如：

- 這東西爲什麼這麼迷人？
- 我可以從這東西上學到什麼？
- 這東西可以怎麼套用在我正在從事的計畫？

歸結到底，眞正重要的不是你提出多好的問題，而是你在看到引人注目的範例時是否可以停下腳步，堅決致力於解構這之所以有效的原因。

已故的哈佛商學院教授克雷頓・克里斯汀生投注數十年時間分析尋常的企業主管與破壞性創新家——諸如特斯拉的馬斯克、網飛的里德・哈斯廷斯以及亞馬遜的貝佐斯——之間的不同。他得到的發現相當吸引人。根據克里斯汀生教授的研究，企業主管與創新家的性格具有令人驚訝的相似度。

創業家並不比中階主管聰明，中階主管的風險承受度也不亞於創業家。差別不在於他們的**性格**，而在於**行為**。

在其中一組行爲之中，這兩個群體的落差尤其巨大，而這行爲就是「提問」。

相較於一般主管，破壞式創新家遠遠比較會在好奇心驅使下採取行動。這是一種招牌特質，是創新心智的領先指標。創辦人會提問，主管則是服從。創辦人會提出宏觀的問題（「我們遇到的眞正問題是什麼？」）、設想假設情境（「我們要是不再接受現金支付會怎麼樣？」），還有最重要的一點：試圖揭露根本原因（「是什麼原因造成顧客出現這樣的行爲？」）。

這項發現帶給我們的教訓是，花時間提問一件作品爲什麼會成功，絕對不該被視爲是瑣碎、缺乏效益，或者學究式的行爲。你如果希望提升個人表現，那麼提問就是你能做的其中一項最重要的事。

另一個能夠幫助你找出差異的做法，則是透過不同媒介深入研究同一件作品。舉例而言，如果你一直無法破解某位作者的作品當中隱藏的密碼，那麼就試試聆聽這位作者的有聲書，設法從中找尋線索。聆聽作者唸誦自己的作品，能夠揭露他們寫作時在腦子裡想像的語調。他們唸誦的節奏以及抑揚頓挫，可以傳達出珍貴的洞見，加重特定的詞語也可能揭露其潛在的意圖。

把文字轉為聲音是一種策略。反過來的做法也同樣有幫助：把聲音轉為文字。你如果欣賞一位演說家，可以把對方的演說錄下來，然後轉為文字。你如果想仔細研究一部節目或者電影，就去買下劇本（或者請轉錄人員幫你製作一份）。你如果是音樂人，可以把一首歌曲以音符的形式寫下來。你擁有的媒介樣態越多，就越有機會辨識出賦予一件作品獨特性的關鍵特質。

不過在某些案例裡，你還是會發現自己不論多麼努力拆解、多想找出引人共鳴的原因，卻始終得不到任何結果。所幸還有其他幾種方法能找出範例之間的不同之處，以及辨識出重要差異。這些方法全都源自另一種不同觀點的策略，只有在我們後退一步的情況下，才可明白看出隱藏的結構。

這種策略稱為**遠觀**。

如何製作逆向工程藍圖

一九五〇年代初期，一份聖誕禮物徹底改革了美國美式足球職業聯盟（NFL）。那份禮物的收受者是威靈頓．瑪拉（Wellington Mara）。他是經歷過第二次世界大戰的退伍軍人，當時在NFL紐約巨人隊擔任球隊祕書。瑪拉的父母送了他一份驚喜禮物，是令人興奮的新發明：拍立得相機。即時成像技術不久前才剛問世，就迅速成了聖誕佳節最熱門的禮物。瑪拉深感著迷，對這件新奇裝置愛不釋手，就連上班也忍不住帶著。

他把拍立得相機拿給很多人看，其中一人是隊上助理教練文斯．隆巴迪（Vince Lombardi）。

隆巴迪因此想到一個點子。他拉著瑪拉走到一旁，提出他的合作構想。從那天開始，每一回主場比賽時，瑪拉就會爬到頂層觀眾席，混在球迷當中。在發球之前，他會偷偷拍下敵隊的隊形，把照片塞進一隻裝了重物的襪子，然後耐心等待下一次進攻。球迷的注意力一旦完全受到場上狀況吸引，他就會把那隻襪子拋向巨人隊的板凳區。事實證明這種情報來源價值連城。瑪拉的拍立得相機爲巨人隊開啓一長串史無前例的連勝，球隊也因此在後續八年裡六度打進冠軍賽（後來改名爲「超級盃」）。

當然，今天所有職業美式足球隊都仰賴即時的空拍影像，在每一次展開進攻之後幾秒內，就會傳送到教練手中的平板上。在比賽過程中，教練和球員都極度認眞研究這些影像——也難怪如此，因爲那些廣角照片傳達了身在場邊的人看不到的資訊。只要後退一步，拉開距離，綜觀球場上的整體狀況，即可清楚看出對方球隊的比賽策略。

同樣的原則也可用於揭露我們欣賞的作品，找出其中結構。從更高層次遠觀經常是必要步驟，唯有如此才能察覺近距離看不出的模式。

在實務上要怎麼做到遠觀？以寫作爲例，有種做法稱爲**逆向大綱**。

你只要上過中學程度的寫作課，大概都寫過大綱。這是預先規劃文章的程序，把你打算透過文章探討的要點先列出來。

逆向大綱雖與傳統大綱類似，但比較不那麼明顯可見，也較引人深思。這種做法不是把你未來打算提出的重要論點列出來，而是概述已經完成的文章當中包含的各項重點。

大學生的做法是把逆向大綱當成一種手段，用來檢視自己的論文是否流暢，而且邏輯是否前後一致。一旦把段落重點都濃縮成單獨一句話，就比較容易評估每個段落的貢獻。不過，對於有志寫作的人士而言，逆向大綱還有另一種更有價值的用途：利用逆向大綱揭露職業作家作品中潛藏的結構。

我在羅徹斯特大學就讀研究所二年級那年，遇上一項看似無法達成的任務：寫出我的第一篇期刊文章。我雖然已經讀過數以百計的學術論文，也做過許多實驗，但寫作仍是另一回事。寫學術論文感覺就像是要我打造一艘太空船一樣困難。

接下來是長達數週的痛苦折磨。我整天流連在圖書館與咖啡廳，盯著那令人發怵而閃爍不停的游標，晚上也難以入眠。一天上午，我決定試試不同做法。與其繼續折磨自己，徒然盼望靈感能夠神奇出現，我轉而投注幾小時來重讀一位備受敬重的心理學家寫的文章。我對他的文筆特別欣賞，心想說不定可以藉此感染一點他的技巧。

我仔細閱讀了一篇文章，接著又讀了第二篇及第三篇，結果注意到某個「東西」。到了第五、第六篇文章時，已經明顯得無法忽視。這些文章具有一種模式，一種一再出現的結構，包括他總是在開頭的幾個段落利用一項出乎意料的統計數據或者新聞故事吸引讀者，還有先提出引人深思的問題，再針對以前的研究進行文獻探討，以及他提出主要論點的戲劇性手法，使他的論點一方面看來合乎邏輯，同時又顯得大膽狂放。

這項發現令我深感著迷，於是開始針對他的文章寫出逆向大綱，結果得到遠比我在教室裡學到的任何東西都還有價值的收穫：一份撰寫學術期刊文章的藍圖。

多年後，我發現這種做法不只適用於撰寫正式研究論文，對於製作能夠爆紅的線上內容也同樣重要。我不是唯一這麼認爲的人。商業作家多利．克拉克（Dorie Clark）

發展出一整套課程，教導寫作者怎麼針對得到出版或刊出機會的文章進行逆向工程，破解其中的隱藏結構。她針對如何製作能夠爆紅的商業內容提出許多洞見，包括：首先提出問題，而且提出問題的方式要能夠讓你的讀者忍不住點頭認同；把一篇長文拆成幾個段落，並且插入引人好奇的標題；最後，提出發人深省且違反直覺的訣竅，讓人能夠藉著分享你的內容而顯得見識高人一等。

逆向大綱的價值更可擴及寫作以外的眾多創意領域。行銷人員可以對令人難忘的廣告與宣傳活動進行逆向大綱，顧問可以對成功的提案與募資簡報進行逆向大綱，公開表演者也可對引人入勝的演說、簡報或者脫口秀進行逆向大綱。Podcast 節目主持人可以藉此列出節目結構，導演也可以藉此對分鏡腳本進行逆向大綱。

逆向大綱之所以有效，是因爲會促使我們採取「一眼概觀整件作品」這種違反自然的做法，和我們體驗創意作品的尋常方式極度不同。我們閱讀一本書或者看一部電影時，總是不免會把注意力集中在其中一小部分——也就是當下正在發生的場景。如果要回想整件作品的進展過程，唯一的方法就是把一連串記憶銜接起來，但那些記憶通常不可靠也不完整。

逆向大綱消除了這種經驗限制。藉著把陸續發生的事件壓縮成一份單一文件，就像把時間摺疊起來，讓自己能夠擴展視野，以全新方式看待作品。這麼一來，我們終於可以不再只是盯著作品中的筆畫、紋理與裂縫，而是能夠後退幾步，欣賞整面畫布。這樣的程序可讓我們置身於頂層觀眾席，安然坐在威靈頓．瑪拉與他那部可靠的拍立得相機旁邊，而不禁注意到原本不會發現的模式。

逆向大綱能夠有效幫助我們發現模式的第二個原因，是這種做法會迫使我們忽略細節。這點看似諷刺，但爲了把大量資訊濃縮成一個句子，我們就必須犧牲許多非必要細節，採取比較抽象的觀點來檢視作品，而這樣的抽象化不可或缺。

初次閱讀《哈利波特》，很容易會愛上書中的魔法氛圍、討喜的人物，以及令人著迷的情節。只有在事後某個慵懶的夏日午後做著白日夢時，你才會突然想到，這不是你第一次看到這樣的故事：一個孤兒和姨丈還有阿姨住在一起，結果陰錯陽差踏上一場精采冒險，在過程中發現自己原本不知道的隱藏能力，還必須對抗邪惡的壞蛋。還有另一個情節類似的故事，叫做《星際大戰》。這點不必然會導致羅琳的貢獻變得比較不重要或不那麼具娛樂性，卻能讓你對於拉開距離之後才看得出的模式學到重要一課。

如何利用數字彰顯隱藏模式

這裡有個值得注意的重點：**要察覺模式，需要抽象化。**

逆向大綱不是藉由遠觀找出模式的唯一工具。還有另一項工具是「把構想轉變爲數字」。

你去看醫生時，每次看診都會測量某些數值，包括體溫、體重、血壓、心律。這些是你的生命徵象指標，醫生可從這些數字了解你的身體狀況，也提供了值得調查的線索。

這些指標之所以有用，原因是病患能藉此標準化，讓醫療人員得以針對不同的人進行比較，從而鎖定關鍵的差異之處。只要掌握特定年齡層健康人口的平均生命徵象，就會很容易察覺異常情形。

這就是把特質量化的效力。藉著把重要性質轉變爲數字，即可比較這些特質在每個例子裡的出現頻率。

近年來，資料科學家已開始利用這種方法量化暢銷歌曲、書籍與電影的特質。研究人員認爲，透過比較暢銷作品和一般作品的異同，不但能告訴我們特定的作品爲什麼脫穎而出，也能在新作品發行**之前**就預測其商業吸引力，並且精準指出需要改進的地方。

所以，關於賣座單曲、暢銷小說與打破票房紀錄的電影，數據資料可以告訴我們什麼？事實上，可以告訴我們的還眞不少。

想要登上告示牌排行榜前十名嗎？那就寫一首能夠讓人隨之起舞的歌曲，搭配歡樂的歌詞，採用四四拍子的節奏，並且避免使用許多不同樂器。

想要拍出賣座電影嗎？那麼劇本當中就要有又多又廣的角色，對白不能出現太多髒話，還要有個強大又富有魅力的壞蛋。

想要寫出能在銷售上獲得成功的小說嗎？那就別忘了開頭的文句要簡短，盡可能避免使用副詞，而且要使用中學生就看得懂的簡單語言。

這類數據資料導向的洞見在未來可能會大幅成長，原因是現在許多串流工具可以即時蒐集使用者的體驗。以前，意見回饋都是使用者聽完一首歌、看完一部電影或者讀完一本書**之後**的反應，但現在Spotify可以記錄使用者在一首歌播放到幾分幾秒時才點擊「下一首」，網飛則可以判定一部影集當中的哪幾集吸引觀眾狂追，而亞馬遜的Kindle也能記錄讀者會對一本書裡的哪些段落緩慢閱讀、畫上重點，或是直接跳過。

好消息是，要善用這種做法，你不需要成千上萬的資料點，也不需有統計學博士學位，或是一部超級電腦。要在你欣賞的作品中找出模式，只需對數字保持開放的心胸，並且懷抱著願意探索的精神即可。

這一切的起點就是把特質量化。你擁有的衡量標準越多，就越容易發現賦予一件熱門作品獨特性的鑑別特質。什麼樣的指標可能特別重要？一開始你很難知道這一點。

所以，最好的做法就是發揮好奇心，衡量一切可以衡量的內容。

舉例來說，如果下個月你要在研討會上發表重要簡報，而你找到一位你欣賞的TED演說家，想進一步理解這位講者採用的模式。有哪些指標可能值得檢視呢？初步列出的清單或許會像這樣：

長度

◆ 簡報持續時間

◆ 字數（譯注：本書所稱的「字數」皆指英文詞語的數目。）

結構

◆ 例如以下這些部分在講稿當中占了多少百分比：

• 開場白

• 主題

• 一號支持論點

• 二號支持論點

• 三號支持論點
• 結論

內容

◆ 以下這些內容在講稿當中占多少百分比：
• 真實故事
• 非真實故事／軼事
• 具有說服力的論點
• 佐證資料／事實
• 可以實行的策略

◆ 講稿中提出幾個問題／吊人胃口的哏
◆ 說了幾個笑話
◆ 重複強調主題的次數
◆ 語言的複雜度
• 句法的複雜度／年級
• 平均句長

- 句子的百分比：短句（五個詞語以下）／中等句（六到十四個詞語）／長句（十五個詞語以上）

情緒

◆ 聽眾的情緒變化（將每一段標記為正面情緒、負面情緒或中立情緒，再加以統計）

- 正面情緒的百分比
- 中立情緒的百分比
- 負面情緒的百分比

表達技巧

◆ 步調

- 說話速度（每分鐘說幾個字）

◆ 肢體語言

- 開放或者封閉
- 走來走去和站立不動的百分比

◆投影片

・投影片數目

・每分鐘更換幾張投影片

・每張投影片的平均字數

・每張投影片的平均圖片數目

你一旦把簡報轉譯成多項指標，即可對你以前發表過的演說如法炮製，找出你的目標演說者在哪些類別當中特別突出。你也許會發現，那位演說者提出的問題比較多，使用的語言比較簡單，納入了自己的故事，而且使用的投影片也比較少。這樣的結果爲你提供重要的資訊——不只是關於那名演說者的風格背後的模式，而是關於你認爲什麼樣的簡報對聽眾具有影響力。

我們現在就來用這個方法分析有史以來最熱門的TED演說影片：二〇〇六年的〈學校扼殺了創意嗎？〉，講者爲已故的藝術學者與教育家肯．羅賓森爵士（Ken Robinson）。在這場演說裡，羅賓森提出一項假設，認爲正式教育體系教導兒童害怕錯誤，從而阻礙了他們發揮創意的先天傾向。

羅賓森是極度迷人的演說家，但他的迷人不是來自尋常的原因。他的做法和典型的大舞臺演說家不一樣。他態度懇切，充滿學者氣息，表現頗爲僵硬。不過，聽眾眼裡的他卻不是這個模樣。他在整場演說中都令聽眾著迷不已，而我們只要衡量他的各項指標，就可以知道爲什麼。

看看以下這份分析表。你有沒有看出什麼不尋常之處呢？

長度

◆簡報持續時間：19分24秒

◆字數：3,105字

結構

◆開場白：416字／13％

・在開場白當中把他的主題連結於研討會上的其他演說

◆主題：51字／2％

・「我的論點是，在目前的教育當中，創意的重要性不亞於識字，因此我們應該賦予這兩者同等的地位。」

◆ 以軼事佐證兒童先天具有創意：640字／21%

• 小女孩畫上帝

• 聖誕劇

• 莎士比亞

• 畢卡索

◆ 全球各地的教育體系都把創意視為比較不重要的能力：763字／25%

• 演說者自己的家庭遷徙到美國的軼事

• 教育體系的設計是為了教導以下內容：對於工作有用的科目／對於晉升高等教育有用的科目

◆ 當前的挑戰：154字／5%

• 我們創造了比以前都還要多的研究生

• 工作的本質正在改變

• 學術通膨（高中學歷已不再足夠）

◆ 智力的運作方式：308字／10%

• 智力有各種不同形式

- 智力是動態的，可以隨著時間過去而適應改變
- 每個人的智力都是獨特的

◆ 結尾的勵志故事：773字／25％

- 舞蹈家吉莉安．林恩（Gillian Lynne）
- 把吉莉安的故事和研討會上的其他演說連結起來
- 重中我們面臨的挑戰（教育在當前的定義狹隘），並且連結到解方（教育全人類）

內容

◆ 以下這些內容在講稿當中占了多少百分比：

- 真實故事：394字／13％
- 非真實故事／軼事：674字／22％
- 具有說服力的論點：1,608字／52％
- 佐證資料／事實：22字／1％
- 可以實行的策略：0字／0％

◆ 講稿中提出了幾個問題／吊人胃口的哏：25

◆說了幾個笑話：40

◆重複強調主題的次數：3

◆語言的複雜度

・句法的複雜度／年級：五年級

・平均句長：11字

・句子的百分比：短句（五個詞語以下）：23%／中等句（六到十四個詞語）：58%／長句（十五個詞語以上）：19%

情緒

◆聽眾的情緒變化（將每一段標記為正面情緒、負面情緒或中立情緒，再加以統計）

・正面情緒的百分比：36%

・中立情緒的百分比：40%

・負面情緒的百分比：24%

羅賓森TED演說：情緒曲線

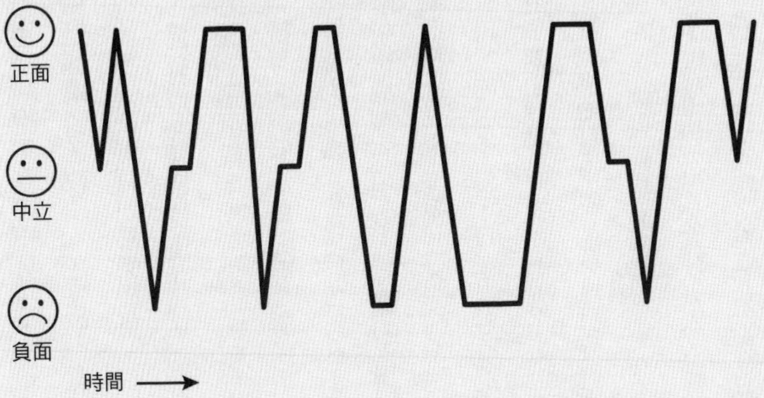

表達技巧

◆步調

・說話速度：每分鐘161字

◆肢體語言

・開放或者封閉：100%開放

・走來走去和站立不動的百分比：走動占1%，站立不動占99%

◆投影片

・投影片數目：0張

・每分鐘更換幾張投影片：無

・每張投影片的平均字數：無

・每張投影片的平均圖片數目：無

以上有些指標應該會立刻引起注意。首先，同時也可能是最顯眼的一點，就是笑話的數量。這場演說不到二十分鐘，卻有四十個笑話，平均每分鐘會出現兩個以上的笑料！羅賓森是藝術教育教授，在聲望崇高的世界級研討會上發表演說，他的做法卻顯得完全格格不入，表現得有如喜劇演員。

接著，還有他向觀眾提出問題的數量：二十五個，相當於每分鐘提出一個以上的問題。老實說，這個數字稍有過度膨脹，因爲羅賓森很習於在句尾加上「是不是？」（英式英語特有的習慣）──但整體而言，提出許多問題的做法確實相當有效，能夠深深吸引聽眾注意力，讓人覺得自己彷彿正與朋友來一場非正式的互動式討論。

以上解析也揭露一項令人震驚的指標，也就是羅賓森用來佐證其論點的統計數據極少。在臺上將近二十分鐘的時間裡，他總共只提出一個資料點，而且幾乎可說是個無關緊要的資料。他這場演說的說服力不是來自於事實，而是來自於軼事。上述指標讓人無法忽視這一點。看看他的講稿當中提到事實部分所占的百分比：只有區區的百分之一。至於眞實故事與軼事呢？多達百分之三十五！

換句話說，羅賓森雖然是學者，在教育方面可說是全世界最廣爲人知的專家之一，明明隨手即可拋出各式各樣引人入勝的事實數據，他卻以什麼方法緊緊抓住TED研討會聽眾的注意力，並吸引近七千萬名觀眾觀看他的影片呢？他用說故事的方法。

透過把羅賓森的演講轉譯爲各項指標，立刻就可以看出他的做法之所以與眾不同，是哪些元素造成的結果。只要簡單看一眼各項數字，就能比大多數觀看他演說的觀眾更了解這場演說爲什麼成功。

不過，不只如此而已，因爲這些結果不但具有揭示性，還富有啓發性。如果想複製羅賓森的成功演說公式，應用在另一個全新的主題，在實際做法上是可以輕易做到的。我們甚至可以設計一個範本，把羅賓森的爆紅演說轉變爲藍圖。我們唯一需要做的，就是對他的演說進行逆向大綱，然後參考他的指標。

由於先前的分析，我們現在已確知究竟該寫多少字，每個部分應該在講稿當中占多少比例，以及聽眾應該體驗的情緒旅程。也明白什麼時候應該提問，什麼時候應該分享迷人的軼事，什麼時候又應該安插笑話。

仿肯・羅賓森爵士的TED演說骨架

長度

- 目標字數：3,105字

結構

- 開場白（13%）
  - 一開始先稱讚活動中的其他演說。
  - 突顯那些演說當中與你的報告有關的重點。
- 主題（2%）
  - 從別人的演說過渡到你的主題。
  - 在你的主題當中，指出一項你認為遭到眾人忽略的問題，並提出不同的觀點。
  - 用一句話簡潔明白地陳述你的主題。
- 提出軼事佐證你的主題（21%）
  - 透過一系列簡短、引發共鳴且幽默的軼事，為你的主題提供支持證據。

◆說明現況是怎麼發生的（25%）
• 如果可以，提出和你的童年、子女或配偶有關的軼事。
◆討論當前的挑戰在以後會變得多嚴重（5%）
• 說明你指出的問題如果不及時遏止，將會怎麼擴大開來。
◆過渡到解方（10%）
• 提出奠基於科學的洞見；針對這個問題該怎麼處理，提供不同觀點。
◆結尾的勵志故事（25%）
• 找出某個人當前因為這個問題而受害的真實故事。
• 概述你的解方如何幫助那個人克服挑戰。
• 強調那個人因為採用你的解方而達到的驚人成就。
• 把那個人的故事連結到研討會上其他演說。
• 重述那項挑戰，並且與解方連結起來。

如此一來，就等同有了一份證明有效的路線圖，能夠詳細引導我們該怎麼仿照網路史上最熱門演說的風格，而建構出專屬的致勝簡報。不僅如此，你寫出的講稿，還可以回頭把其中的指標與情感旅程拿來和羅賓森的那場TED演說做比較，找出有哪些部分需要進一步精修。

你可以明顯看出，羅賓森的做法相當獨特，也不是每個人都有能力或興趣發表一場充滿軼事而且每三十秒就有個笑話的簡報。所幸，你也不是一定要這麼做。你只需另找一位演說方式和你的偏好比較吻合的演說者即可。

歸根結柢，這就是逆向大綱的力量，藉著把各種特質量化而發展出一套範本，可以讓你輕易解構各式各樣的作品，藉此找出引起你共鳴的結構，從而以全新方式利用這道公式。

逆向揭露商業策略

世界上最傑出的網站到底採取了什麼與眾不同的做法？談到優雅而有品味的網站設計，行銷人員經常提出的商界典範就是蘋果的官方網站。

你要是造訪過蘋果公司的首頁，或是使用過iTunes商店，就會知道蘋果偏好乾淨簡潔的版面。可是就只有這樣而已嗎？我們要是利用本章介紹的部分工具解構蘋果的首頁，會有什麼發現？

對蘋果的網站進行逆向大綱是很好的起點。近期造訪該公司網站後得到的結果如下：

◎蘋果網站：逆向大綱

- 網站目錄
  - 【全版】：Airpods Pro
  - 【全版】：iPhone 11 Pro
  - 【全版】：iPhone 11
  - 【半版】：隱私訊息／【半版】：iWatch
  - 【半版】：TV+／【半版】：蘋果信用卡
  - 【半版】：Apple arcade 遊戲訂閱服務／【半版】：iPad
- 免責聲明
- 網站導覽連結

遠觀可讓我們從高空俯瞰蘋果的做法。不過，唯有開始量化蘋果網站的特質，並且將蒐集到的指標拿來和其他網站比較，才能夠辨識出是什麼模式賦予蘋果的網站獨特性。

讓我們來看看一份初步的指標清單，以及這些指標在不同網站上的衡量結果，一方是蘋果，另一方是該公司的頭號競爭對手之一：三星。

◎將網站量化

版面安排	**蘋果**	**三星**
橫幅數量	9	29
捲動橫幅	0	14
可點擊的按鈕（排除目錄）	18	37
可點擊的按鈕（包括目錄在內）	88	272
圖像		
特寫圖像（占總數的百分比）	56%	7%

有人在內的圖像（占總數的百分比）	11%	17%
訊息		
總字數	140	324
平均標題字數長度	2.1	6.9
焦點放在功能上	56%	75%
焦點放在優點上	56%	25%
提及價格	18%	52%

所以，這兩個網站有什麼不同？

有幾點差異一眼就可以明顯看出。首先，蘋果的登入頁面含有的資訊遠遠少於三星。版面比較小，標題比較短，總字數也少了一半以上。蘋果提供的資訊爲什麼比他們的主要競爭對手少？蘋果品牌以追求簡潔著稱，而該公司的行銷也遵循此一要旨，包括其網站在內。該公司的網站以精準手法追求最高程度的簡潔。

蘋果網站當中的訊息也比較不會提到價格，而且強調的多是產品優點，而不是特定功能。蘋果不會告訴你該公司新推出的AirPods無線耳機具備最先進的降噪科技，而是偏好使用比較詩意且感性的：「巧妙，聽見新境界。」

蘋果一再把這種做法套用在各種產品上，對於產品優點的強調比三星多出一倍以上。爲什麼？因爲蘋果訴諸的是情感，而非邏輯。

最後，這兩家公司的網頁在美學上的差異也明白可見。蘋果網站上的圖像比較低調，顏色範圍比較狹窄。此外，版面不會因爲游標移到上面而變大，超連結也不會變色閃爍。網頁上沒有動態元素，一切全然靜止。相較之下，三星的網站則是色彩鮮豔、活躍、繁忙。如果說造訪三星的網站就像走進人潮擁擠的購物中心，那麼造訪蘋果的網站感覺就有如走進博物館。這也是刻意造成的結果。蘋果知道過度刺激可能會造成焦慮感，而焦慮正是簡潔的大敵。

蘋果使用比較少的文字、聚焦於情感，並且避免過度刺激的決策思維，全都能夠從我們列出的那些指標中看出，而這點正突顯了量化特質的另一個效益：這麼做可以揭露商業策略，可以一窺簾幕後方，顯露出一家公司欲達成的目標。

就算你無意建立像蘋果這樣的網站，對於打造網站的思考過程進行逆向工程也還是有極大價值。如同以上的簡單比較顯示，這是一種蒐集情報的好方法，不但效果強大，又不需付出多少成本。

你如果想要設計以蘋果模型爲基礎的網站，那麼現在你不但在結構、設計和訊息安排方面有了方向，而且也有可以當成標竿的指標。就像你可以撰寫並且量化一份ＴＥＤ演說稿，然後拿來和肯．羅賓森爵士的演說比較，你現在也可以量化自己的網站草稿，而把你的指標拿來和蘋果網站的指標比較。或者，你如果要和蒂芙尼珠寶或者零售巨頭沃爾瑪的網站比較也可以，或是世界上的任何一個網站，包括你所屬領域當中的產業佼佼者官網。

這種做法產生效果的方式，其實就是讓你能夠運用電腦演算法用來偵測模式而提出預測的那些工具。藉著蒐集範例、量化重要變數、辨識相似之處，並且應用你獲得的洞見創造新的東西，你也能提出預測。這樣的預測靠的是善用隱藏模式，而那些傑出範例之所以如此成功，也正是因爲這些隱藏模式。

不過，這當中有個小問題。

也許你早就預期到了，在先前的討論中一直縈繞在你心頭、揮之不去的疑問：對於一道致勝公式進行逆向工程，找出賦予其獨特性的特質，並且完全複製，很少會產生與原作一樣強而有力的成果；實際上，這樣的結果可能還欠缺某樣東西。

然而，是缺了什麼呢？

CH 3 創意過頭的詛咒

寫作要寫得像麥爾坎．葛拉威爾（Malcolm Gladwell）一樣好，究竟有什麼祕訣？這是一整個世代非文學作家苦思不已的謎題。

自從葛拉威爾的第一部著作《引爆趨勢》（*The Tipping Point*）在二〇〇〇年首度登上《紐約時報》暢銷書排行榜，而且盤據榜上時間長達四百週以來，橫跨許多領域的無數作家就致力於破解他的密碼。

有些模式明顯可見。他採用的「故事—研究—故事—研究」結構，已經成了現在熱門非文學作品的固定特色；還有他鮮活呈現主角人物的小說式寫法，以及採用難忘的簡單說法傳達複雜的觀念，把枯燥無味的資料轉變為迷人的晚宴談資。

眾人對他這種寫作方式的興趣近乎執迷。只要在網路上簡單搜尋，就可以找到數以百計的文章、部落格貼文，以及各種解析，還有為數驚人的專業課程，包括一套共有二十四堂課的系列影片，由葛拉威爾親身授課。

解構葛拉威爾的公式無疑是有道理的，如果想寫出成功的非文學著作，那麼最該研究的對象，不正是作品稱霸此一文類的作者？然而，眾人對於葛拉威爾作品懷抱的這種執迷，有一點極度反諷：葛拉威爾當初展開寫作生涯時，可絕對不是想要寫得像自己一樣。當時他滿心想精通的是另一種風格，對象是他的文學偶像。

「我剛開始寫作時，一直努力想寫得像威廉．巴克利（William F. Buckley），他是我小時候的偶像。」葛拉威爾說。他指的是那位創辦《國家評論》（*National Review*）的美國保守派評論家。「要是看過我早期寫的東西，就會發現裡面充滿別人的影子。我當時就是到處找尋典範，然後模仿他們。」

如同我們在本書裡見過的許多傑出人士，葛拉威爾邁向精湛技能的道路也是始於專心致志的努力，先是分析別人的作品，再設法從對方的做法當中提煉出可複製的公式。如同他坦率承認的，他得到的結果令人失望——而這種情形也並不罕見。實際上，這點突顯了逆向工程的一個關鍵限制：純粹的模仿極少足夠，反而只會讓你的作品無法受到認眞看待。

原因明顯可見：受此做法啓發的作品會輕易地被人鄙夷爲缺乏原創性。

二〇〇五年，亞利桑那州一名全職母親出版一部小說，故事是高中生愛上吸血鬼。這部小說轟動文學界。《暮光之城》飆破天際的人氣催生數以百計以吸血鬼爲主題的青少年小說，但這些作品獲得的關注完全比不上《暮光之城》作者史蒂芬妮・梅爾（Stephenie Meyer）的系列作品。

要讓一種文類沒落，最快的方法就是出現一連串模仿者。原因很簡單：一道公式越常使用，就越了無新意，吸引力也越低。

不過，單純複製公式爲什麼極少產生令人難忘的結果，有個比較細膩的解釋是，傑出的作品不只會仰賴一項證明有效的配方，而是仰賴多種元素的組合。

在最基本的層次上，一邊是公式，另一邊是套用公式的人。把同一道公式交給兩個人執行，成果大概不會一樣。爲什麼？因爲他們兩人各有不同的長處、性格，以及人生背景，所以會以各自獨特的方式執行這項公式。

接著是個人本色的問題。在第二章揭露了全世界最熱門的TED演說影片背後的公式，其中包括一連串自嘲的笑話，出自肯・羅賓森爵士口中，效果可說是無懈可擊。理論上，本書的任何一位讀者都可以把這個範本應用在自己的下一場簡報上。不過，還是面對現實吧，你要是不太會講笑話呢？或者，要是你的主題需要嚴肅表現，幽默可說是完全不適當呢？你要是沒有肯・羅賓森爵士的學術聲望，而迫切需要以資料加強自己的說服力呢？

所以，不是只要有正確的公式就好，而是要在適當的情境中爲適當的人找到適當的公式。

其中「情境」這項因素尤其棘手。那些模仿《暮光之城》的作品之所以未能吸引關注，不是因爲那些書全都不值一讀，而是因爲讀者的期望已經改變。受眾一旦接觸過特定經驗之後，這樣的經驗就會出現演變。原本新奇的題材不再引人入勝，曾經魅力無窮的人物不再引人著迷，淪爲老套的劇情轉折也不再出乎意料。受眾已經因爲適應而出現了變化，所以在不久之前還深深扣人心弦的公式，現在看來已了無新意。

這是一項極爲主要的障礙，而音樂產業因應這種障礙的能力大概勝過其他各種創意領域。在音樂界裡，超級巨星級的藝人極少會長久使用重複的藍圖。他們發現，要不被淘汰，最安全的做法就是每推出一張新專輯，就得在自己的個人形象、造型或樂風當中的某個面向做出調整，藉此不斷演變。

大衛．鮑伊是最早採用這種「模式中斷」策略的代表人物之一。他的外表歷經了多次演變，先是蓄著一頭嬉皮式長捲髮（一九六〇年代初期），接著轉爲西裝筆挺（一九六〇年代），再改爲奇裝異服（一九七二年初），然後變爲華麗的妝容（一九七三年），再轉爲穿著高級訂製服（一九七〇年代中期）；他的樂風也是如此，橫跨了搖滾、華麗搖滾、流行音樂、融合爵士以及聖誕經典歌曲等類型。艾爾頓．強、瑪丹娜、瑪麗亞・凱莉、凱蒂・佩芮、火星人布魯諾與碧昂絲，也都跟進這樣的做法。今天，我們都預期頂尖的音樂巨星會隨著時間過去而改頭換面；至於那些無法隨著時代調適，只能年復一年死守同一套公式的藝人，則不免遭到眾人遺忘。

同樣的原則也適用於商業界。如同PayPal共同創辦人彼得・提爾（Peter Thiel）指出的：「商業當中的每個時刻都只會出現一次。下一個比爾・蓋茲不會打造作業系統，下一個賴利・佩吉或謝爾蓋・布林（Sergey Brin）不會製作搜尋引擎，下一個馬克・祖克柏也不會創立社群網絡。你如果模仿這些人，就是沒有學到他們的榜樣。」

這就是爲什麼純粹複製對別人有效的公式終究是失敗的策略。你需要的公式，必須能突顯你獨特的能力、興趣和處境。

但是，到底要去哪裡找這種公式？

太多創意也有問題

你也許認爲要解決這問題，就應該刻意徹底避免受到別人影響，而致力追求完全的原創性。不過，這樣做也是錯的，對於有廣大受眾的產業尤其如此。

你如果想寫出賣座電影劇本、發表風靡聽眾的簡報，或是煮出令人難忘的菜餚，那麼你最不該做的事情，就是注入太多的新奇性。爲什麼呢？因爲不管受眾怎麼宣稱他們想要大膽創新的構想，研究卻一再顯示他們實際上總是很抗拒。

珍妮佛·穆勒（Jennifer Mueller）是南加州大學社會心理學家，她的創意研究揭露一項令人不安的趨勢：越是新穎的構想，越可能遭到排斥。更糟的是，我們不只會抗拒富有創意的提議，甚至還會懲罰提議者。穆勒的研究顯示，我們一旦遇到高度創意的構想，不但很可能嗤之以鼻，也會把提出構想的人視爲能力較弱的領袖。

我們爲什麼這麼不願接受新事物？因爲新奇事物會讓人感到不自在，而這種感覺往往惹人厭惡。這傾向在辦公室環境最明顯可見。在職場上，我們偏好讓自己感到安全又有自信的構想，尤其提出的人是掌權者時。領導者如果在職場當中發揮創意，產生的效果恰恰相反，因爲這樣的做法會帶來不確定性，也違反了我們向高層尋求的安全慰藉。

你如果對這項發現感到懷疑，或者認爲這點對你不適用，原因是你遠比一般人更容易接受新構想，那麼請回想一下你上次聽到一首讓你一聽就愛上的新歌，然後問問自己：那首歌實際上有多新奇？那首歌有沒有包含你從沒聽過的樂器？歌裡採用了罕見的音調嗎？還是不尋常的節奏？

你如果像大多數人一樣，那麼只要聽到具上述創新特色的歌曲，不但會感到不舒服，甚至會難以忍受。這還只是音樂而已，我們喜歡的電影、藝術品以及餐廳，也是如此。我們喜歡認為自己熱愛新奇，但我們真正喜愛的其實是熟悉的事物。

只要問問英國樂團電臺司令的主唱暨歌曲創作者湯姆．約克（Thom Yorke），就可以知道這一點。一九九〇年代晚期，電臺司令在搖滾樂界穩居巔峰，其樂風切合時代又富有獨特性。相較於當時稱霸告示牌排行榜的那種充滿焦慮的油漬搖滾，電臺司令的音樂比較具有旋律性、內省，也比較複雜。該團的第三張專輯《OK電腦》更是把電臺司令推上新高峰。這張專輯登上排行榜第一名之後，又獲得多張白金唱片，並且在英國的一項民調當中被選為史上最偉大專輯，勝過披頭四的所有作品。

獲得這樣的成就，許多藝人必定會覺得心滿意足，但約克不是如此。他變得坐立不安。「我不想再待在搖滾樂團裡了。」他宣告道，彷彿是突然之間做出的決定。約克已經目睹太多當代音樂人在一張接一張的專輯當中不斷重複相同套路，淪為索然無味的老哏。他擔心電臺司令也會落入同樣的命運，於是決心把樂團轉往全然不同的方向。他變得極為執迷，一心要把電臺司令的下一張專輯《一號複製人》（*Kid A*）打造成全然原創性的作品。他向《滾石》雜誌指出：「《一號複製人》就像是掏出巨大的橡皮擦，全部從頭來過。」

約克做的第一件事就是去掉電吉他，而改採聲音多變的合成器、電子音序器，以及脈衝鼓機。爲了摒除當代影響，他暫時拋下電吉他等插電樂器，捨棄城市，前往康瓦爾郡，在鄉間踏青、繪製素描，並且利用一部小平臺鋼琴譜曲。約克改變樂團作品當中所有元素的決心極爲徹底，以至於對自己的歌詞也心存懷疑。爲了避免重複，他刻意丟入隨機的詞語，彷彿要激聽眾設法理解他的歌曲。除此之外，他在部分歌曲當中還透過合成器扭曲自己的聲音，使得他那些沒有意義的歌詞有許多部分連聽都聽不清楚。

約克極爲堅定，絕不發行單曲，也不拍攝MV。這張專輯將以其原原本本的面貌供聽眾鑑賞。

如果說這張專輯得到的反應好壞參半，未免太過委婉。大多數歌迷對於這樣的轉變都摸不著頭腦。感覺彷彿有兩個電臺司令樂團：一個是深受喜愛的搖滾團體，推出的動聽單曲大獲成功；另一個則是這支實驗合成樂團，不顧一切以打破預期爲目標。

樂評更是毫不客氣：《滾石》說這張專輯「惹人厭」，《音樂週刊》（*Music Week*）宣稱這張專輯「令人沮喪」，《旋轉》雜誌（*Spin*）預測這張專輯將是「職業自殺」。

電臺司令成功挑戰極限，雖然有些人欣賞他們的野心，但強硬追求原創性的做法無疑疏遠了歌迷。二十年後的今天，這支樂團雖然還是不斷推出新專輯，但下載次數最多且銷量占大宗的仍是一九九〇年代的作品。

太多創意不只會在藝術界弄巧成拙，商業界也充斥類似案例：許多極度成功的概念，都因爲太早提出而在一開始遭到嫌惡。眞正重要的常常不只是構想的品質，消費者接受度也是一大要素。

亞馬遜針對辦公室用品、圖書與雜貨推出的一小時到貨，看起來雖然像是現代創新典範，但早在二十年前Kozmo.com就曾推出一模一樣的服務，結果卻是一敗塗地。像是優食（Uber Eats）與DoorDash這樣的食物快送平臺也是如此，當初外送小黃（Takeout Taxi）早在一九八七年就提供完全相同的服務，結果同樣以倒閉收場。除此之外，還有蘋果手錶，一種可以讓人隨時獲取新聞、天氣、路況報導與體育比分的裝置——所有的這些功能，都早在數十年前就已出現在微軟的SPOT手錶上。

由此可見，有時候，優質的構想之所以受到排斥或忽視，不是因爲構想不好。有時新奇度反倒成爲扣分因素，因爲市場就是沒辦法接受太新的構想。

這樣的結論似乎導致行文至此陷入了僵局。徹底模仿沒前途，完全創新又受鄙夷。那麼，究竟什麼才是正確的做法？

廣告狂人博取觀衆好感的理想公式

二〇一四年，一群哈佛研究人員直接探究「新奇度的矛盾」問題，方法是透過巧妙的實驗分析什麼類型的醫學研究提案能獲得補助。

學術研究競爭極度激烈。一週工作六十個小時、不斷寫出同儕審查的論文，或是獲得學界公認你爲所屬領域的專家，這樣都還不夠。要保住你的工作，你每幾年就必須找上像是國家衛生院（National Institutes of Health）這種聲望崇高的政府機構，說服其中的專家小組認爲你的研究提案值得補助金挹注。

什麼因素能夠預測提案可否通過？爲了得知這一點，哈佛團隊取得實際上已獲得補助的申請案，交由一百四十二名領域專家評估，包括大學教授與醫生。每項提案都透過各種指標予以評估，包括品質、可行性與新奇度。專家也會爲每份提案打分數，代表他們認爲這件提案有多麼應該獲得補助。

實驗結果證實了社會心理學家珍妮佛．穆勒的論點：提案越新奇，獲得專家推薦補助的可能性越低。不過，資料當中潛藏一條值得注意的線索，顯示了受眾眞正想要的東西。哪些提案最有可能獲得專家肯定？帶有少許新奇感的提案。

有位創意專家對此結論必然不感到意外：這位著名的創意專家是虛構人物，名叫唐・德雷柏（Don Draper）。在哈佛團隊展開這項研究之前不久，電視影集《廣告狂人》（*Mad Men*）的其中一集有這麼一段情節：唐・德雷柏這位以暴躁易怒著稱的廣告公司創意總監，接到一部電視節目提案，內容近似於搞笑整人節目《隱藏攝影機》（*Candid Camera*）。他的回應可說是博取大眾喜好的理想公式：「這種老套但是帶有一縷新意的點子，觀眾要的正是這種東西。」

換句話說，如果徹底模仿沒前途，完全創新又受鄙夷，那麼答案就是避開這兩個極端。能夠引起眾人注意，就是大致熟悉常見但帶有些微變化。參與那項補助研究的哈佛商學院教授卡林・拉哈尼（Karim Lakhani）也提出一個新詞描述這種現象，稱之爲「最適新鮮感」（optimal newness）。

爲既有公式添加些微的新奇變化會比較容易成功，這應該是令人樂見的好消息。由此可見，許多創作者一再對自己施加壓力，認爲自己必須提出全然原創性的發明，這樣的自我要求不僅沒必要，實際上還有反效果。創造出具有長久重要性的成果，祕訣不是絕對的新奇，而是利用證明有效的公式，再添加你自己的獨特新意。

創意是「思想交配」的結果

逆向工程提供了理想等式的前半段：證明有效的公式。至於後半段的變化，則來自幾個不同源頭。

其中一個是結合不同的影響。《黑色追緝令》是昆汀・塔倫提諾第一部透過主流電影公司發行的電影，而這部片在一九九〇年代大放異彩後，他就被譽為該世代最具原創性的電影人之一。塔倫提諾的貢獻雖然與眾不同，卻不是憑空發生。他的電影之所以獨特，原因是他善於把其他比較不那麼普及的類型當中的招牌特色（包括放克音樂、延長打鬥橋段，以及令人不忍卒睹的暴力）注入以對白為主的盜賊電影裡。換句話說，他把不同的影響結合起來，而這樣的結合造就了一種風格，在當今只要一眼就會讓人認出是塔倫提諾的風格。

想創造獨特曲風的音樂人也經常採取類似做法。門戶樂團（The Doors）的吉他手羅比・克雷格（Robby Krieger）曾在創作一首悅耳的歌曲之後把和弦彈給團員聽，結果全部人反應平平。鍵盤手雷・曼札克（Ray Manzarek）記得自己以不屑的語氣說那些和弦聽起來「很像桑尼和雪兒的歌」——這句話在一九六七年代表的意思是「太主流、遜斃了」。不過，那時他們已在錄音室裡，團員也樂於依據克雷格寫的旋律做出變奏。他們首先添加借自拉丁音樂的鼓點節奏，接著是幾段靈感取自約翰・柯川（John Coltrane）的爵士獨奏，最後再加上一段仿自巴哈的前奏。他們完全不曉得自己剛創作出搖滾樂史上最令人難忘的歌曲開頭。後來是吉姆・莫里森（Jim Morrison）想出了這首歌的歌名：〈點燃我的火焰〉（Light My Fire）。

在商業界，結合不同影響的做法，也早具有漫長顯赫的歷史了。我們今天視爲理所當然的許多科技創新，尤其是徹底改變世界的創新，其實都只是把不同領域的常見概念混合的結果。

史蒂夫・賈伯斯沒有發明MP3播放機，也沒有發明手機，但他領導的團隊找出方法把這兩者結合起來，從而造成iPhone的誕生。一九九五年，史丹福大學的兩名學生採取學者引用研究文章的方法，用於整理全球資訊網上的資料，結果造就了谷歌。創新史深深仰賴融合不同的既有構想，就連書本的出現也是如此：要不是葡萄酒壓榨機（墨水即是由此而來）和硬幣壓模（字母的印刷塊即是由此而來）結合起來造就了世界上第一部印刷機，印刷書就不可能誕生。如同作家馬特・雷德利（Matt Ridley）所言，創意就是「思想交配」產生的結果。

因此，融合不同的影響是找出你特有新意的途徑之一。不過，這種方法有個重要的限制：也就是你找出獨特影響的能力。最能夠融合不同的影響並加以有效運用的，就是像昆汀・塔倫提諾這樣的人：能在文化主流之外找尋靈感，而引進他們最喜愛的元素。

另一條找出新意的道路：借用在其他領域引起共鳴的做法，轉而應用在你自己的專業領域裡。歐巴馬在二〇〇八年看似瞬間竄起而當選了美國總統，但才不到十年前，他曾在芝加哥陷入政治苦戰，竭盡全力說服選民投票，將他送進國會。問題是：他的演說技巧極爲蹩腳。他曾經擔任法學教授，總是忍不住對聽眾說教，而不是攫取大眾的注意力。除此之外，他還有個討人厭的習慣，就是在演說中講述選民根本聽不懂的各種複雜學術觀念，演說內容完全激不起他們的熱情。歐巴馬的競選工作人員懇求他拋棄學者式術語，轉而強化情感訴求。不過，歐巴馬冥頑不靈，以致他的顧問隆恩・戴維斯（Ron Davis）忍不住開罵：「混蛋，你這樣根本成不了事。你就算去捕狗隊面試也選不上。你太自以爲是了，你得讓自己的情緒流露出來。」

這些懇求都沒有獲得歐巴馬的重視，後來他在那年十一月慘敗，對手與他的得票差距達到令人難堪的二比一以上。這場選戰使得他散盡家財，淪爲政治上的邊緣人，也因此失去方向。他一度考慮退出政壇。後來，一名顧問建議他到芝加哥的教堂仔細觀察牧師怎麼傳達訊息、激勵聽眾。

歐巴馬在短短幾年後宣布競選參議員時，他的演說風格已徹底轉變。他不再傳達抽象概念，而是講述故事、引用《聖經》，並且利用「重複」這個方法向聽眾灌輸他的論點。不過，改變的不只是演說內容，還有他說話的方式。歐巴馬已學會在某些重點上提高音量，在其他比較不重要的內容則放輕聲音，並且調整音調以傳達情緒，也以平靜而刻意做出的暫停強調重要論點。把在教堂裡經常使用的講道技巧引進政治領域後，歐巴馬得以改變自己的演說風格，成爲一股獨特的政治力量。

在商業界，從鄰近領域尋求新鮮構想其實是出乎你想像的常見做法。賈伯斯與史蒂夫・沃茲尼克（Steve Wozniak）共同打造蘋果二號時，他想要的不只是一部開創性的電腦，還希望這裝置能有相符的外表。不過，他不是向其他電腦尋求靈感，而是開車去梅西百貨（Macy's），逛了廚房家電區，結果他的目光被美膳雅的食物調理機給吸引過去。其塑膠外殼讓他生出好點子，從而打造出在當時被視爲革命性的電腦設計：一部設備齊全的單一機器，不需要組裝（所以也很難拆解）。

賈伯斯不是唯一習於在自己領域之外尋求創新構想的創業家。史蒂夫・凱斯（Steve Case）也是如此，他是全世界第一個大型社群媒體平臺「美國線上」的董事長。凱斯很早就體認到，美國線上就像電話一樣，其服務的價值也取決於使用者多寡。要獲得成功，他就必須迅速匯集一套使用人數可觀的網絡，否則恐將失去已經登錄了的少數使用者。爲了增長用戶人數，凱斯採用洗衣精市場常用的策略：贈送免費試用品。

你要是成長於一九九〇年代的美國，一定會記得當時那些無所不在的CD片，上面印著黃色火柴人圖案，每隔幾天就由美國線上寄到你家信箱。在凱斯主導下，美國線上投注三億美元提供免費試用機會，向數百萬名使用者贈送好幾個小時的免費上網權限，以便吸引新的使用者。這樣的支出聽起來龐大，但後來凱斯在二〇一五年以令人咋舌的四十四億美元賣掉了美國線上。更令人驚豔的是，要不是凱斯採用軟體界從來沒人認眞考慮過的行銷策略，美國線上很可能淪爲毫無價值。

「缺乏經驗的經驗」的神奇魔法

一九六〇年代初期，史丹．李（Stan Lee）準備放棄創作漫畫。在那個時候，一般都認爲漫畫迷熱愛簡單的英雄人物和激烈的打鬥場面。史丹．李已經受夠了一再重複了無新意的劇情。儘管他當時已即將年滿四十，而且也沒有什麼其他的工作技能，但還是決定轉換跑道，碰碰運氣。

就在提出辭呈之前，他尋求太太瓊恩的意見。蜘蛛人、綠巨人、索爾和X戰警等超級英雄之所以會在今天成爲家喻戶曉的人物，就是因爲他太太在當時向他提出的忠告。

多年後，史丹．李在一年一度的動漫節（Comic-Con）活動上回憶道：「我太太說，你既然要辭職，爲什麼不乾脆按照你想要的方式創作一本漫畫？想做什麼就放手去做吧，大不了就是被炒魷魚，反正你也想辭職。」

他接受太太的忠告。結果，壯大膽子的史丹．李終於做了什麼？創造出漫畫愛好者完全沒預期到的人物：帶有缺陷的超級英雄。在那個年代，這項做法相當大膽，與傳統自帶光輝而完美的超級英雄形象大爲不同。當時稱霸漫畫業界的是超人，他和善、樂觀又有智慧。史丹．李保留超級英雄的體能，但添加重要的變化：情感上的脆弱性。

從驚奇四超人開始，史丹．李筆下的超級英雄成了會憤怒、生悶氣、陷入困境、鬥嘴，而且還會復仇的有血有肉角色。令他的出版商大感意外的是，讀者竟然非常喜愛這些人物。史丹．李終於得以自由創作出帶有更多缺陷的角色，並且編寫他自己想看的充滿挑戰的劇情。

今天，驚奇四超人是漫威旗下名氣較小的人物，但不是因爲這系列的作品禁不起時間的考驗，而是因爲史丹．李後來的漫畫達到史無前例的成功程度，而把漫威轉變爲票房收入達數十億美元的系列電影。

漫威系列電影的引人入勝，不只在於這些電影幾乎每年暑假（有時也包括感恩節）都能像印鈔機一樣帶來龐大票房收入，也不是因爲營收在過去十三年來出現指數成長，而是因為漫威推出的電影雖然立基在固有公式上，卻不斷獲得忠實影迷與嚴肅影評的高度好評。

每部漫威電影都有自己的特色，其中許多都可追溯到史丹・李原本的影響，而共同構成一套模式。

這些電影當中的主角，經常會獲得自己必須學習控制的超自然能力。電影裡總是有接二連三的俏皮話與諷刺話語，尤其是角色面對生命危險時。每部電影也都有許多內容是關於英雄人物之間不斷內鬥（例如美國隊長與鋼鐵人、蟻人與黃蜂女，還有索爾與綠巨人）。在漫威電影裡，英雄人物與「朋友」鬥嘴的時間常常比和敵人打鬥還要多。除此之外，還有嬌小但充滿自信的女子與力量強大但內心充滿不安的男子之間的配對、從來沒有實質進展的清純戀情、充滿自我解嘲的流行文化指涉、電影結尾充斥電腦動畫的高潮打鬥場面，以及在片尾字幕之後預告未來漫威電影的小彩蛋。

一旦把這些特色全部列出來，看起來是不是顯得很公式化？

如此一來，就不免產生一些引人好奇的問題：漫威怎麼能夠年復一年令電影觀眾深感著迷？漫威怎麼能夠不斷呈現同樣的角色、劇情線與主題，卻又不會令觀眾感到厭煩？在一面採用證明有效的配方，同時又保有新鮮感這一點上，漫威的做法能夠讓我們學到什麼寶貴的一課？

二〇一九年，由歐洲工商管理學院的史賓賽．哈里森（Spencer Harrison）率領的一群創意研究者，就試圖回答這些提問，而對漫威的做法進行深入研究。哈里森的團隊詳細閱讀數以百計的漫威員工訪談，包括演員乃至導演與製作人，也分析了電影腳本，並且研究每一部電影的影評分析。他們得到的關鍵發現當中，有一項洞見的適用對象遠遠不限於好萊塢電影人。

漫威避免公式失去新鮮感的做法，就是在電影中引進新奇的元素：一位專長在於超級英雄類型電影**之外**的導演。與其反覆仰賴同一傑出團隊，漫威刻意挑選對於超級英雄類型電影接觸有限的領導人掌舵，藉此引進新鮮觀點。哈里森把這種做法稱爲「缺乏經驗的經驗」。

你要是看過漫威電影，也許會注意到《雷神索爾三：諸神黃昏》遠比《雷神索爾二：黑暗世界》更加逗趣，這是因爲後者的導演執導過《權力遊戲》，而前者的導演則是即興喜劇演員。漫威一方面仰賴手握有效配方的核心團隊，另一方面再添加一名類型「外行人」，因此得以對固有公式做出一定程度的調整，而使得每一部片都相對新穎。

我們從漫威的做法可以學到一種明白可見的應用方式，就是在團隊當中引進新成員，並且藉由他們的影響而讓既有公式朝新方向演變。不論你有多成功，只要你希望創造出富有創意的成果，就不能安然享受持續和同一群人共事的舒適愜意感，而是應該每隔幾項專案就要尋求新的團隊成員。這樣的做法可以是把其他同事引進既有的團隊裡、雇用新人，或者針對每項專案找尋外部合作人員或顧問。

你如果是獨自工作，也許會認爲漫威的解決方案對你不適用。不過，實際上卻不是如此，因爲你還是可以策略性地利用別人的影響，就算對方嚴格說起來不算是你的團隊成員。

經常有人說，你現在是什麼樣的人，主要取決於你和哪五個人相處的時間最多。這是因爲我們的好友、同事與家人，能夠以我們通常不會注意到的細膩方式形塑我們的信念與期望。所有人對於自己度過時間的方式以及要和什麼人相處，都擁有一定程度的控制能力，卻極少考慮藉著改變社交圈以激發創意。我們其實都應該要這麼做。

從這角度來看，受到大多數人低估的改變社交圈機會，就是拓展人脈的做法。我們許多人受到的教導都是把拓展人脈視爲交易工具，藉以促成業務發展與職涯晉升。不過，不是每個人都這麼看待拓展人脈的行爲。我們在前一章簡短提過的已故哈佛商學院教授克雷頓・克里斯汀生發現，企業主管利用拓展人脈的做法推銷自己以及公司，或是策略性地和握有珍貴資源的人士交往；但創業者的做法不同，他們會利用拓展人脈蒐集珍貴的見地與最新的觀念。

想像一下，我們許多人都因爲不眞誠的自利動機而深深鄙視拓展人脈的行爲，所以你要是能揚棄那種做法，而單純把目標放在和少數能夠激盪出新鮮思想的人士往來，蒐集一、兩項具有啓發性的觀念，該有多好。藉著主動尋求並且維繫多樣化的人際網絡，其中含有來自各種不同領域的朋友與同事，任何人都能讓自己更有機會找到值得納入自身工作當中的新穎觀念。

當然，有些人的影響在你眼中雖然最有價值，但你就是不可能與對方往來。假設你同意在一場婚禮上發表敬酒致詞，而希望致詞內容迷人、風趣又精闢。你知道誰是這種場合的理想典範人物：喜劇藝人史蒂芬·柯伯（Stephen Colbert）。你也知道，打電話到CBS電視臺要求柯伯幫忙，大概不會有人理你。你考慮對他的獨白進行逆向工程，卻發現這麼做價值有限，因爲他的表演內容專以新聞報導爲題材。

所幸，還有另一個選項可以把柯伯的觀點注入你的婚禮致詞當中。這個做法就是提出問題，藉此思考柯伯對於你致詞裡的特定元素會怎麼處理。

舉例來說，史蒂芬·柯伯會怎麼爲一段婚禮致詞起頭？提出這個簡單的問題，就會推促你進入非常特定的心態，把他的影響擺在你的意識之前，而讓你更有可能發想出與他的做法相符的材料。相對之下，你如果問自己達賴喇嘛、歐普拉或者川普會怎麼爲婚禮致詞起頭，則會把你引導到非常不一樣的方向。

實際上，研究也這麼顯示：只要單純在腦中喚起特定影響，就會造成我們的心態出現變化，進而改變自己的行爲。而且，不只是名人具有這樣的效果，品牌也是。例如，研究發現只要看到迪士尼的商標，就會促使人表現得比較誠實；看見開特力運動飲料的瓶子會促使人更努力，想到紅牛能量飲料則會讓人更積極。

由這些例子可見，在腦中喚起特定影響對於創作原創性作品可能會帶有極大的助力。藉著主動思索特定模型，就會激發新點子，把那模型的特質和我們的思考融合起來，刺激創意。

效法其他人物的做法，在商業界裡尤其可能相當有效。以史蒂芬妮爲例：她是一名行銷主管，正努力要爲年末假期想出新的促銷方案。除了參考去年的活動或者絞盡腦汁想出新東西，她還可以效法全然不同產業當中的某個著名品牌的做法。

我們先前提出的問題（「史蒂芬．柯伯會怎麼爲婚禮致詞起頭？」），在這裡會變成：「亞馬遜會怎麼發表這件產品？」或者「目標百貨（Target）會怎麼擺設？」或者「金．卡戴珊（Kim Kardashian）會怎麼讓優惠活動在網路上爆紅？」這些提示全都爲新點子提供獨特的出發點，激發原本可能會受忽略的計畫、策略與技巧。這些提示也賦予行銷主管史蒂芬妮創意空間，讓她能夠考慮原本因爲自身所屬公司的歷史與地位而可能根本不會注意到的新機會。

「刻意無知」出乎意料的力量

至今爲止，我們已經辨識出如何採用證明有效的公式並添加獨特新意的三項策略：第一，把幾項不同影響混合在一起；第二，在外部類型與產業當中尋求點子，再納入你自己的專業領域裡；第三，改變你的團隊與人脈網絡裡的人員組成（包括實體上與網路上的成員）。

第四項策略則是傲然篩選你吸收的資訊，並且刻意**排除**特定影響。

精挑細選自己要對哪些事物投以注意，又要對哪些視而不見，是在自己所屬領域裡讓自己與眾不同的重要先驅。如同賈伯斯說過的這句名言：「創意就只是把不同的東西連結起來。」他沒有提到的是這項敏銳觀察當中帶有的策略意涵：你如果想要突顯自己和其他廚師不同，那麼用不同的食材做菜會有幫助。

然而，許多創意專業人士卻都訂閱相同的電子報、聆聽相同的播客節目、閱讀相同的書籍。不管他們的動機是眞心感興趣，還是出於跟上別人的壓力，歸結到底並不重要。結果都是一樣的：如此一來，原創性就更難達成。精心挑選你受到的影響，就是避免創意同質性的藥方。

由此即可引導到削減接觸內容的第二個理由：這樣可以讓你確實吸收的材料發揮

更大的影響力。你的注意力頻寬是個零和遊戲，注意力越是分散，任何一項影響造成的衝擊就越弱。藉著剔除沒有幫助的輸入，即可讓自己把更多注意力投注在真正有價值的影響上。如此一來，不可或缺的經典就不會被大量的平庸內容淹沒。

這麼做也可讓你更容易抗拒一時熱潮。你的創意主要取決於你關注的對象，而你關注的對象如果是稍縱即逝的趨勢或最新流行，那麼產出的成果很可能也只會有短暫的壽命。相對之下，深入挖掘經歷時間考驗的經典作品，並且將由此獲得的影響納入現有的做法當中，即有可能啓發比較持久的獨特新意。

由於以上原因，有爲數驚人的成功創意人士都採取策略性忽略特定影響的做法。他們認知到，減少自己吸收的東西，有時候會造就出更具特色的結果。舉例來說，搖滾傳奇湯姆·佩蒂（Tom Petty）就非常清楚自己融合民謠、鄉村與流行音樂寫出的優美旋律並不獨特；實際上，他的作品和當時另一位熱門歌星布魯斯·史普林斯汀（Bruce Springsteen）的作品有令人不安的重疊程度。這就是爲什麼佩蒂在他的職業生涯裡總是堅決不願接觸史普林斯汀的音樂，以免更加強化兩人的相似度。

范海倫樂團的主要作曲人艾迪·范海倫（Eddie Van Halen）在去世前的幾十年間，都完全不再聆聽現代音樂。那麼，他聽什麼呢？馬友友。范海倫在二〇一五年向《告示牌》雜誌坦承：「我就算想製作當代音樂專輯也沒辦法，因爲我根本不曉得當代音樂聽起來是什麼樣子。」

喜劇藝人比爾・麥赫（Bill Maher）在ＨＢＯ頻道上有個一週播出一次的新聞節目，英國喜劇藝人約翰・奧利佛（John Oliver）也是一樣。然而，麥赫卻從沒看過奧利佛的節目，也完全不打算看。他刻意避開奧利佛的節目以免受到影響。ＮＢＣ電視臺的《今夜秀》（*The Tonight Show*）主持人吉米・法隆也採取相同做法。他完全不看麥赫或奧利佛的節目，深知自己的創意會受到吸收的材料形塑。

就連我們先前提過的電影製作人賈德・阿帕托這位喜劇狂熱愛好者，也會在撰寫劇本的期間避免接觸其他喜劇藝人的作品。這麼做不只是爲了避免受到影響，也是爲了保護自己的自信心。他在創作搞笑段子時，最不需要的就是內心的自我懷疑，覺得自己做的一切早就有人做過了。

選擇採取「刻意無知」的策略，並不表示完全不接觸新事物，徒然等待創意從天而降，而是更用心篩選自己關注的作品，刻意找尋對你作品有益並且能賦予多樣性的輸入。要達到這種效果，做法有可能是接觸經典而捨棄新作，甚至重新深入檢視你以前喜歡的作品。

許多人都認定重複接觸同一件作品頂多只會帶來有限的價值。你要是已經看過一本書或是一部電影，重看一遍又有什麼意義？然而，成功的作家卻完全不是抱持這樣的態度。實際上，爲數驚人的得獎作家每年投注在重讀舊書的時間都比看新書還多。爲什麼？因爲閱讀與重讀帶來的效益各自不同。

內行的作家都知道自己每次讀一本書，專注的焦點都會不一樣。第一次閱讀會把重點放在情節上：整體觀念是什麼？整部作品的情感曲線呈現什麼樣貌？書中發生什麼事，又發生在誰身上？不過，在後續重讀時，故事情節已不再足以吸引我們的注意，於是我們就在這時開始察覺重要的結構線索，解析作者的技巧。讀者在這時自然而然會更加注意到過去容易忽略的元素，例如詞語選擇、角色發展，以及作者選擇省略的重要細節。如同布克獎得獎作家約翰．班維爾（John Banville）指出的：「我們越常閱讀自己最喜歡的經典著作，就會發現越多隱藏其中的祕密：每次重讀同一部作品，都會更明白看出作家寫作技巧當中的各種結構，隱藏在起初看似不透明的耀眼表面後方。」

重新體驗經典作品，也有另一項重要功能：能夠提醒我們那些在當今被過早捨棄而等著重新受重視的致勝策略。爲當下的計畫添加古典影響，是重新賦予證明有效的公式活力的另一條有效道路。音樂人經常採取這種做法。像是傻瓜龐克（Daft Punk）與拱廊之火（Arcade Fire）這樣的樂團，就一再汲取過往的影響，包括古典音樂乃至舞廳迪斯可，一方面賦予自己的新歌特殊色彩，同時也讓自己的曲風朝著出乎意料的方向演變。

這點不但適用於藝術界，也同樣適用於商業界。想想那些因爲線上廣告興起而統統捨棄的行銷策略。不久之前，一家地方公司自我宣傳的方式也許是印製傳單、刊登電話簿廣告，以及播放電臺廣告；現在，大多數公司都對這些策略嗤之以鼻，認爲行銷經費花在以網路爲基礎的訊息傳達上比較有效。不過，不是每個人都如此盲從。不少領域當中腦筋靈活的行銷人士都逐漸發現，許多被指爲過時的古老廣告策略，在今天還是能極爲有效地突顯出自己與競爭對手的不同。

以郵寄廣告爲例。表面上看來，設計成功的廣告傳單不但昂貴又耗時：你必須雇用寫手和設計師，並且設法取得地址清單；除此之外，還有印刷與郵寄費用。你一旦想到電子郵件的花費與此相較之下乃是微乎其微，就會發現選擇寄發大量電子郵件根本是想都不用想的選擇。但實際上眞是如此嗎？

且讓我們來看看數字。美國一般工作人員一天會被超過一百二十封電子郵件疲勞轟炸，一週收到的電子郵件超過八百四十封。在同樣的時間長度裡，同一名工作人員會收到多少實體信件呢？只有十八封。所以，郵寄廣告確實不便宜，但吸引收件者注意的機會卻遠高於電子郵件，就算是最精心編寫的電子郵件也不例外。

這項洞見並沒有遭到世上最精明的行銷人忽略，包括在亞馬遜、蘋果與谷歌等網路巨擘主導行銷的人員。直到今天，只要有什麼最新訊息必須迅速散播出去，他們還是會使用郵寄廣告。

我們常認爲進步就代表擁抱新事物。不過，有時候你必須回頭望才能看見未來。

如何提升以往受忽略元素的地位

一九五〇年代晚期，羅伊・奧比森（Roy Orbison）的職業生涯看來毫無前景。他只能勉強餬口，白天寫著沒人買的鄉村歌曲，夜裡則是四處到廉價酒吧與露天汽車電影院尋求現場收費演出機會。才短短幾年前，奧比森的樂團少年國王（Teen Kings）推出一首打進百大排行榜的歌曲，歌名是〈烏比度比〉（Ooby Dooby）。不過，那彷彿已是幾百年前的事了。該團體因爲歌曲作者掛名問題發生爭執，結果就此解散。現在，奧比森又恢復獨自一人，四處奔走，奮力維持生計，而且他位於德州奧德薩的狹小公寓裡還有太太和嗷嗷待哺的年幼兒子。

奧比森看起來一點都不像典型的搖滾明星。他的個性害羞又拘謹，戴著鏡片超厚的雙光眼鏡，而且即使戴上眼鏡之後，視力還是很差。他上臺表演總是站在原地不動，彷彿害怕自己只要做出太大的動作，就可能引來不必要的注意。

大概就在這個時期，奧比森結識另一個也在困境中浮沉的詞曲作家喬・梅爾森

（Joe Melson）。梅爾森提議合作寫歌，他們倆一拍即合，共同創作出一首劃時代的抒情歌曲，就此開啓奧比森的音樂事業，讓他從彆扭的鄉村音樂土包子搖身變爲國際明星。這首歌是〈唯有寂寞〉（Only the Lonely）。

在紙上看起來，〈唯有寂寞〉一點都不特別。奧比森和梅爾森自己也不認爲這首歌會紅。他們甚至試圖把歌賣掉，先是找上貓王，接著又找上艾佛利兄弟二重唱（The Everly Brothers），但隨即遭到回絕。然而，奧比森在一九六〇年五月發行這首單曲之後，得到的反應卻是極度熱烈。奧比森從完全不爲人知，到發現自己竟然推出全世界最熱門的歌曲之一。

〈唯有寂寞〉之所以與眾不同，不是因爲譜寫方式。重點不在結構、旋律，或者歌詞裡傳達出來那道令人心碎但又帶有希望的訊息，甚至也不在於奧比森細膩的嗓音——畢竟，早就有許許多多唱片製作人聽過他唱歌而拒絕了他。祕訣在於這首歌的編曲，也就是個別元素的安排方式。

和當時的其他熱門歌曲不一樣，〈唯有寂寞〉把一項通常淹沒在背景當中的元素突顯出來，爲其賦予中心地位。

這項元素是什麼呢？和聲。

〈唯有寂寞〉以一段令人難忘的樂句開頭，但唱出這個樂句的不是奧比森，而是他的和聲歌手：「登—登—登—登比嘟哇。」

讓和聲扮演主角是奧比森的點子，但爲這個點子注入生命的則是音響工程師比爾・波特（Bill Porter）。波特沒有先錄製樂器再疊加人聲，而是實驗不同的做法。他捨棄傳統方式，一開始就先錄製和聲歌手近距離在麥克風上的輕柔哼唱。接著，他再把樂器混入這個音軌周圍，以免削弱歌聲的力量。由此造成的結果令人難以忘懷，並成了奧比森招牌曲風當中的核心特色。

奧比森賦予其歌曲差異性的方法——亦即把通常埋藏在背景裡的元素突顯出來，轉變爲中心特色——是找尋自身創意新意的第五條道路。這種做法是抓住一個原本就存在既有公式中的元素，提高其地位，將其變爲主要特色。

奧比森以迷人方式運用和聲是個例子，另一個例子則可見於史上最成功的電視影集之一：《歡樂單身派對》（*Seinfeld*）。《歡樂單身派對》有許多特色，都和那個時期的其他喜劇不同，包括令人難忘的角色、互相交織的故事線，以及明目張膽的自我中心。但除此之外，還有一大特色：細節獲得的主角地位。

和其他情境喜劇不一樣的是，《歡樂單身派對》把各種小問題——也就是地球上每個人天天都會遭遇的那些問題——提升到極高地位，轉變爲劇情的核心特色。每一集都會呈現一連串惱人的小問題：說話小聲的人、說話音調很高的人、說話一定要和對方靠得很近的人、電話行銷人員、濃重的體味、糟糕透頂的顧客服務、忘記車子停在哪裡，以及討人厭的鄰居。

巧克力棒要怎麼吃才對？同一片玉米片可以沾幾次大家共用的莎莎醬？廁所使用者有沒有義務和隔壁間使用者分享廁紙？《歡樂單身派對》每週都以吹毛求疵的認眞態度探討這些尖銳犀利的問題。

藉著把發生在大多數人生活背景當中的瑣碎互動，策略性地突顯爲影集裡的劇情重點，《歡樂單身派對》因此得以創造出眞正獨特的結果：一部所謂的「沒有內容的節目」。不過，這個節目實際上不是沒有內容，只是其中的故事線都是其他影集選擇忽略的事物。

把沒有受到注意的材料擺在聚光燈下，是不少引人注目的廣告活動都有的核心元素。最好的例子，大概莫過於把絕對伏特加（Absolut）從鮮爲人知的瑞典新奇產品轉變爲全球伏特加領導品牌的廣告活動。絕對伏特加在一九七九年進軍全球市場時，前景頗爲黯淡。在美國，伏特加市場完全受俄國品牌支配，而且那些品牌都取了蘇聯色彩鮮明的名稱，例如思美洛（Smirnoff）與蘇托力（Stolichnaya）。絕對伏特加看起來沒有多少行銷選項。這個品牌可以藉產地突顯自己的不同，但當時大部分美國人根本不曉得瑞典人會釀造伏特加，對其品質自然更沒概念。以口味競爭也很棘手。伏特加的風味變化非常細膩，難以捉摸，就算是最懂伏特加的品酒者也難以立刻辨別出不同品牌的酒。

那麼，絕對伏特加是怎麼突顯出自己的差異性，從而稱霸美國伏特加市場？藉著強調飲用伏特加的經驗裡遭到忽略的背景元素，將其地位提升到絕對伏特加廣告的中心特色：也就是酒瓶的形狀。

你要是在過去這一年曾經翻閱過雜誌或者開車經過公車站牌，一定看過絕對伏特加的廣告。這家公司近四十年來都一直推行同一項廣告活動的各種變化版本，也就是把某個吸引人的景點、活動或者事件的代表圖像轉變成絕對伏特加酒瓶的形狀，然後搭配一句簡短標題：「絕對＿＿＿＿。」這種廣告的第一個版本出現在一九八〇年，畫面中是一瓶頂端飄浮著一個光環的絕對伏特加，標題寫著：「絕對完美。」多年來，這項廣告活動已演變得越來越抽象，不再呈現出實際上的酒瓶，而是只保有其輪廓，於是創意團隊也就有無窮無盡的彈性空間，可將絕對伏特加置入各種誘人的相關主題中。

如同羅伊・奧比森與《歡樂單身派對》，絕對伏特加也是把伏特加飲用經驗當中原本被視爲不重要的特色挑出來，不但把這項特色變得值得重視，甚至令人難忘。

不過，絕對伏特加的故事不是到這裡就結束了。在絕對伏特加推出經典的廣告活動十年之後，經銷商卡瑞朗進口公司（Carillon Importers）喪失絕對伏特加的銷售權。這項消息對於卡瑞朗的總裁米歇爾・魯斯（Michel Roux）打擊尤其沉重。魯斯在發展絕對伏特加創意宣傳當中厥功甚偉，不但親自雇請像安迪·沃荷這樣的藝術家設計廣告，也認爲絕對伏特加的成功是他職業生涯的最高成就。「我把這個孩子養大，好好照顧他，也給了他很多的愛。」他在企業主管聲明還不會被淨化的時代向記者坦承，「我衷心希望他的新父母會好好照顧他……」

絕對伏特加捨棄卡瑞朗而另與一家更大的經銷商簽約之後，魯斯只覺得茫然無措。不過，後來他的腦子裡閃現了靈感。他對自己最喜愛的這個品牌放手之後不久，突然想到，當初把絕對伏特加變爲美國最暢銷的伏特加所採用的公式，可以拿來再度運用。當然不是用在伏特加上，該市場已有霸主，但還有其他許多飲料並未藉著突顯瓶子設計而吸引消費者青睞。

魯斯很快就找到他的第一個目標。身爲全國經銷商，卡瑞朗握有許多不同品牌的烈酒與蒸餾酒。短短兩年後，他已準備好自己的第一件作品。一九八六年，魯斯協助推出一個造型俐落且引人注目的藍色瓶子，不但令消費者著迷不已，也隻手重振了原本處於沉寂狀態的琴酒市場。魯斯創造出來的成果是龐貝藍鑽（Bombay Sapphire）。

把弱點變為強項

找尋新意的最後一條道路經常來自意外，是由完全沒有刻意尋求原創性的人士發現的途徑。

歌手艾美．懷絲（Amy Winehouse）與詞曲作家馬克．朗森（Mark Ronson）在二〇〇六年開始合作時，並沒打算與眾不同。恰恰相反，他們刻意重現一九六〇年代摩城音樂（Motown）那種靈魂樂風。

如同朗森向全國公共廣播電臺的主持人蓋伊．拉茲（Guy Raz）解釋的：「我完全不曉得該怎麼重現那種曲風或是那種氛圍。我在那之前從沒做過這種事，但我就是對她（艾美）還有她想做的事深感著迷，心裡只覺得：『不管怎麼樣，我一定要找出辦法做到，就算搞錯了也沒關係。』我想我們也真的是搞錯了，只是錯的程度剛好足夠自成一格，而這其實也就是我們想做的事情。」

懷絲與朗森竭力模仿誘惑合唱團（The Temptations）與至上女聲三重唱（The Supremes）等傳奇經典團體，你可以在他們的歌曲當中聽出來。所有元素都存在其中：旋律優美的低音聲部、回音般的殘響效果、鈴鼓發出的俏皮聲響。不過，身爲嘻哈DJ的朗森還是忍不住疊加電子節拍，懷絲尖銳而陰鬱的歌詞也和摩城音樂歡樂的歌詞天差地遠。由此產生的經典作品，包括〈戒了吧〉（Rehab）、〈你知道我不是好東西〉（You Know I'm No Good）以及〈黑色會〉（Back to Black）都很獨特，儘管懷絲與朗森致力於仿效既定公式。

艾美．懷絲這些賣座歌曲爲什麼如此特色獨具？

如同我們在本章探究的許多例子，這些歌曲的魅力同樣可透過簡單的藍圖解釋，也就是「一道證明有效的公式」加上「一種新奇的變化」。

那種變化究竟是怎麼引進的？懷絲與朗森提供了一條不尋常的道路，也就是**努力**想採用一道證明有效的公式，卻力有未逮，迫使自己必須彌補不足，從而造就意外的創新。

傳奇廚師雅克．貝潘（Jacques Pépin）在烹飪界也注意到類似模式。貝潘寫過無數食譜書，卻認爲沒有一本是完美的，也不可能完美，原因在於實際烹煮菜餚時，一定會有的不可預料因素：廚師這個變數的影響。每一位廚師必定會把自己獨特的經驗、信念與偏見帶入菜色當中，而那些傾向就會形塑他們的烹調成果，不論有意還是無意。

貝潘投注大半職業生涯在廚藝教室裡教導學生，而他就是在教學過程中注意到廚師沒有辦法不把自己的特色帶進每一道菜餚裡。「我會請十五個學生做一道沙拉、一顆水煮馬鈴薯和一隻烤全雞，而且我總會這麼告訴他們：『你想與眾不同？你要讓我意想不到？請你不要。』不管我怎麼再三交代學生，最後我一定還是會得到十五隻不一樣的烤雞——其中三隻相當完美、三隻不夠熟、三隻是冷的，三隻烤焦的，還有三隻是其他各種狀況，反正就是都不一樣。你實際上不必絞盡腦汁追求與眾不同，只要用心料理，就會和別人不一樣。」

你也許以爲貝潘會敦促學生遏制自己的創作衝動，仔細遵循證明有效的食譜。不過，他提出的建議完全不是如此。相反的，他會要求有志成爲廚師的學生切實遵循食譜，但一次就好，下一步則是盡情發揮自己，在原本的指示之上做出變化。廚師的工作不是模仿，而是重新想像以及調整，「根據自己的美感與味覺更改（食譜）」。

在懷絲與朗森開始共同創作歌曲大約十年前，麥爾坎．葛拉威爾離開《華盛頓郵報》，轉而加入了《紐約客》雜誌編輯群。這次轉職對於葛拉威爾而言頗爲辛苦，因爲他已投注十年時間精通一種特定的寫作風格，也就是報紙文章。不過，《紐約客》雇用他卻不是要他寫這種文章。「突然間，我必須寫的文章都比我以前寫過的東西長了三到五倍。」葛拉威爾在播客節目《長篇》（***Longform***）當中憶述指出，「在報社裡，重點就是壓縮：要怎麼以最快又最簡單的方式呈現主題要點？而且，你報導的大部分內容都是從來不會用的東西。所以，這下我就必須轉換成擴張的心態：我要怎麼講述這個故事，讓這個故事值得寫上六千字？」

突然間，葛拉威爾從原本習於撰寫只有四個段落的報導文章，變成必須吸引讀者注意力長達一小時以上。一開始，他不太確定該怎麼做。由於角色的變化，他現在必須適應長篇寫作的要求。最後，他決定採取一種做法。「我的想法是，我要試著把思想和敘事混合在一起，因爲我不知道還有什麼方法可以塡滿那些空間。我對自己單純講述故事的能力沒有足夠的信心。」

許多寫作者都應該把這項令人震驚的自白好好記在心裡。葛拉威爾在一開始並沒有打算要與眾不同。他的原創性，是他缺乏能力撰寫典型的《紐約客》文章而造成的直接結果。他是在彌補自己的不足，但卓越的創新結果卻透過這樣的彌補而誕生。

不久之前，葛拉威爾出版一本書《以小勝大》，指出一旦談到優勢與劣勢，外表可能會騙人。表面上看起來的強項，實際上常常是缺點，而看似缺點的條件則可能其實是強項。葛拉威爾提出這個論點不是要評論自己的職業生涯，但談到表面上看起來的缺點演變爲出乎意料的強項，我們實在很難找到比他自己更合適的例子。

我們在本章一開始提出的問題是：寫作要寫得像二十一世紀最具影響力的非文學作家一樣好，究竟有什麼祕訣？不過，這個問題可能問錯了。沒錯，逆向工程可以揭露葛拉威爾作品中潛藏的重要模式，但單純致力於複製他的公式卻是錯誤的做法。單純的模仿極少能造就卓越。只有藉著解構大師作品，然後再添加一點改變，才能夠創造出非凡成果。

因此，該提出的正確問題不是「我要怎麼寫得像葛拉威爾一樣？」，而是：「我要怎麼把葛拉威爾的公式，變成屬於我自己的獨特公式？」

Part 2 填補「願景」與「能力」之間的鴻溝

願景與能力的落差

一八七〇年代晚期，南北戰爭結束後不久，數百萬美元從美國的銀行憑空消失。

在巴爾的摩，二十五萬美元消失於第三國民銀行。在紐約上州，薩拉托加郡國民銀行回報消失了五十萬美元。在紐約市西村附近以保全周密著稱的曼哈頓儲蓄機構，也有將近三百萬美元消失無蹤。

全國各地金融機構紛紛遭受攻擊，銀行主管都驚慌不已，而且他們的驚慌也確實理由充分，因爲這些並非典型的銀行搶案，沒有凶惡的搶匪持槍威脅銀行行員。罪犯反倒從極不尋常的入口潛入，都是專家認爲不需要防護的地點：他們從地下室挖掘地道而出，從天花板垂降而下，也從隔壁公司鑽破牆壁而來。

更令人困惑的是，他們竟然不用爆裂物即可闖入金庫。這些竊盜案完全沒有使用炸藥，甚至連鐵撬都沒用上。

調查人員立刻就意識到自己面對的是種新型犯罪模式。正如紐約市警察局長沃林（George Washington Walling）後來在日記裡寫的：「一般而言，只有最聰明的罪犯才會發展出這樣的邪惡手段。」

沃林說得沒錯，他目睹的是犯罪大師的傑作，不過有一點卻猜錯了：這個罪犯的成功不是出於智力，而是因爲掌握強大的新技能。

這個罪犯到底是怎麼做到的？現在，他的方法在各位讀者眼中看來已是相當熟悉：就是逆向工程的能力。

今天，專家都認爲沃林追捕的喬治・萊奧尼達斯・萊斯利（George Leonidas Leslie）是史上數一數二成功的罪犯。在九年的時間裡，美國所有的銀行搶案有超過百分之八十都是由他主導，而他也因此贏得「劫匪之王」的稱號。根據估計，他指導了超過百起銀行搶案，不法獲利高達一千二百萬美元，而當時美國人口平均年薪還不到三百七十五美元。

萊斯利的做法很簡單。他鎖定一家銀行之後，會先扮成尋常客戶，假裝要在這家銀行存入第一筆存款。在行員爲他辦理開戶手續時，他會若無其事地環顧四周，觀察銀行的格局和設計。

接著，他會要求租用保險箱。保險箱位在銀行內部安全防護較爲周全之處，因此萊斯利也就能夠充分觀察，並且更接近金庫。這時，萊斯利會假意閒聊，指稱自己是專業建築師，爲全國各地的各種銀行提供諮詢意見。這項謊言爲他製造完美的藉口，得以跳脫原先天眞無知的顧客角色，而能夠在銀行內部四處走動，對於金庫格局提出意見，指出其中顯著特色，並且就事論事地針對保險箱設計提出疑問，在整個過程中裝出一副爲自己的潛在客戶熱心提供協助的好心模樣。

如果說這位看似受過良好教育又衣著光鮮的建築師會是犯罪集團首腦，那也未免太好笑了，在當時絕對沒有人會這麼懷疑他。

萊斯利回家之後馬上展開工作。

他會拿起鉛筆，把自己記得的所有細節畫下來。

他會畫出每個房間的大小與形狀，標示各種陳設的位置，以及其他任何可能會對他手下的行動造成阻礙的絆腳石。

他知道該帶哪些工具，也知道那些工具會發出多大的噪音，因爲他觀察了用於構築天花板、地板與牆壁的材料，也估算其厚度。

等到萊斯利完成這些工作之後，他擁有的已不只是粗略的速寫，而是一份藍圖。接下來，就是辨識出每一個可以用來侵入那家銀行的弱點。

如何規劃完美犯罪

把萊斯利成爲犯罪大師完全歸功於逆向工程，並不公平。把銀行的格局轉變成一份藍圖，只是他計畫的第一步。萊斯利相當明白，完美的銀行搶案需要的遠遠不只是知識，更需要出色的執行力，而這完全是另一回事。

萊斯利的解決方案如下：他會在銀行附近的廢棄倉庫建造那家銀行內部的一比一複製模型，然後召集黨羽，揭露計畫，包括對每一名手下的詳細指示。

每個動作都經過精心編排，每一秒都詳盡計算。

接著，則是長達數星期的排練，由萊斯利在旁督導，爲每一次的演練確實計時。隨著大家的執行成果逐漸改善，萊斯利就會提高壓力，添加新障礙讓他們克服。他甚至會在半途吹熄蠟燭，強迫手下在一片漆黑當中練習。他就是藉著這種方式確保每個人都深切記住指示，也爲出乎意料的狀況做好準備。

萊斯利的計畫極爲詳盡，準備徹底，因此在他死後，即使是最嚴謹的調查人員也忍不住訝異於他對細節的一絲不苟。他不但畫出藍圖、建造模型、要求手下花上數月時間在極度艱困的條件下練習，還確切指出搶劫銀行最理想的時間：星期五晚上。

由於銀行週末不營業，員工必須等到兩天半以後才會發現金庫已遭人搬空。到了那時，萊斯利和同伙早已逃逸無蹤，難以追查了。

在規劃如此完備的情況下，大多數罪犯必然充滿自信。不過，萊斯利卻從不犯險。他堅持要求手下穿上他透過在歌劇院的人脈取得的戲服。萊斯利的手下平時惡行惡狀，是一群惹人厭的惡棍，但到了星期五晚上，卻可見到他們躡手躡腳地穿梭於圓石街道當中，戴著假髮、套著披風、身穿華服，看起來有如《費加洛婚禮》的臨時演員。

演練結束之後，萊斯利就會回到自己位於紐約市史岱文森高地的家裡，從事另一種完全不同的練習，也就是在破紀錄的時間裡打開保險箱。

在扮演顧客的角色參觀銀行設施時，萊斯利會注意保險箱的品牌與型號。離開銀行之後，他就會直接聯絡保險箱製造商，謊稱他負責的建築計畫需要保險箱，而買下一個類似的型號，然後在家中悠悠哉哉地拆解。

萊斯利多年來拆解了數百個保險箱，因此對於保險箱的設計與構造都了解深入。最後，他無意間發現了一種模式。他理解到大多數保險箱其實大同小異，外表有個旋鈕，轉動旋鈕就會帶動門內一根軸上的一連串金屬圓盤。只要把那些金屬圓盤連成一線，就可以打開保險箱的門。

說起來簡單，問題是破解保險箱的數字組合經常需要花上幾小時，而且必須在平靜而不受打擾的情況下集中注意力，但這兩個條件在銀行搶案中都難以達成。所幸，萊斯利找到抄捷徑的方法，就是在旋鈕上方鑽一個小孔，這樣他就能夠用手把金屬圓盤撥成一線，而不必設法找出數字組合。

以作弊方法打開保險箱的門之後，他會用油灰填滿小孔，並且漆上與保險箱表面相同的顏色。這麼一來，就算銀行發現金庫被盜，也不會有人知道他使用的祕技。

解析萊斯利精心策劃的手法，不只讓人讀到引人入勝的故事，也揭露了頂尖表現其實遠遠不僅取決於知識。

萊斯利的銀行藍圖提供了指引，但執行成功的搶案所需要的遠多於此。沒有涵蓋在藍圖裡的內容，包括如何悄悄闖進銀行、在破紀錄的時間內打開保險箱，以及如何在不被發現的情況下逃逸，這些元素都是透過廣泛的規劃、精心打造的訓練，以及經評估的犯險之後，才得出的結果。

逆向工程能帶來洞見，這點確實沒錯。不過，我們要怎麼把這些洞見轉變爲精湛技能？這就是本書後半部要探討的重點。

辨別出卓越作品的代價

把傑出作品濃縮成一道公式是一回事，有效加以複製又是另一回事了。證明有效的公式雖然無疑相當有用，卻也有代價：高度的期待。

乍看之下，這點似乎只會帶來小小的不便，不過，實際上卻有可能造成非常嚴重的後果。如同廣播節目《這種美國生活》（*This American Life*）的原創人艾拉・格拉斯（Ira Glass）指出，你在培養技能的過程中，願景和能力之間經常存在落差：

> 有一件沒有人會告訴初學者的事，而我實在很希望當初有人告訴我，那就是所有從事創意工作的人之所以踏入這一行，都是因為我們的品味很高，可是，我們不得不面對落差：你在頭幾年創作的作品，就是沒那麼好。你雖然很努力，作品也有潛力，可就是不夠好。然而，你的品味，也就是引領你踏入這一行的條件，還是那麼高。而你的品味就是你對自己作品感到失望的原因。許多人都撐不過這階段就放棄了。

格拉斯描述的那種落差，也就是願景與能力之間的落差，有可能把人壓垮，尤其是你如果擁有很高的標準。這點在你解構自己所屬領域的大師作品之後，更是眞正值得憂心的問題。畢竟，你的願景越崇高，就越難以達成。

更糟的是，這落差從來不會眞正消失。安．派契特（Ann Patchett）是極爲傑出的小說家，得過各種著名文學獎項，列舉不盡。但直到今天，她每次著手寫新書還是必須和這種願景與能力的落差對抗。

對於派契特而言，寫作有三階段：謀劃、拖延，以及生產。第一個階段最爲美妙。派契特寫道，她在發想時：

> 這本書是我的隱形朋友，無所不在，不斷演變，而且扣人心弦。在我把各種點子拼湊起來的那幾個月（或是幾年）時間裡，我不會記下筆記，也不會列出大綱；我還在思考各種東西，而這本書就在我腦海裡飛來飛去，像一隻超大蝴蝶，翅膀由聖母院的玫瑰窗做成。這本我連一個字都還沒寫的書，美得無可描述，其模式不可預測，色彩鮮明，本質則狂野又忠實，因此在我看著這本書緩緩飛來飛去的同時，只覺得我對它的愛與信心是人生最圓滿的喜悅。

這一段令人迷醉的謀劃期，有如初次約會之後的早晨，或是接下一份工作之後等待著開始上班的那一個月。這時，派契特的未來感覺豐富又充滿希望。

接著是拖延期。由於派契特已經出版許多書，所以內心有一部分已經預期將會面臨一段艱辛旅程，以至於對正式下筆心懷抗拒。她發現自己被易於產生成果的雜事分了心，忙著從事自己假裝重要的優先事務。

最後，她終於開始寫作，但隨之而來的是令人深感煎熬又難以忍受的失望。派契特以生動血腥的文字詳細描寫這段歷程：

> 我一旦沒辦法再想出別的拖延方法，一旦拖延變得比付諸實踐更痛苦，我就會伸手抓住空中那隻蝴蝶。我把牠從腦海裡抓出來，壓在我的書桌上，然後親手殺死牠……想像開著休旅車輾過蝴蝶的模樣。這個生物的一切美麗之處，所有的色彩、光芒與動作，全都消失無蹤。我唯一留下的，就是我這隱形朋友的乾枯軀殼，拙劣地拼湊成支離破碎的身體。死了。這就是我的書。

派契特向聽眾唸出這段文字時，他們都認定她是刻意誇大或想博君一笑，以致她發現自己必須鄭重釐清：她這些描述其實再嚴肅不過。

從腦中想像到著手寫出，是一段極爲危險而且一路上會留下許多屍體的旅程。許多想寫作的人，還有許多實際上從事寫作的人，都不免在這條道路上迷失方向。

格拉斯與派契特一致同意：當你心懷願景時，代價不只是會對自己的作品感到失望，恐怕也會因此放棄。你察覺傑出的能力越強，就越無法忍受平庸。這的確是個問題，尤其是解構大師作品，又無疑會促使你提高標準。

好品味簡史

不過，以這種方式解讀願景與能力的落差也許是錯誤的。畢竟，技巧可以學，願景和品味卻遠遠沒有那麼容易培養。

良好的品味究竟來自何處？許多證據都顯示，人類天生對特定的經驗懷有遺傳性的偏好，但良好的品味顯然比單純的偏好更細膩複雜。別的不提，良好的品味至少涉及敏感度，易於感受到造成特定物體令人愉悅的元素，而這種覺察能力就使得某些人比別人更能夠辨識出異於尋常的傑出事物。

不是所有人都認同良好的品味植基於基因當中。有些人主張從經濟角度比較能夠解釋品味。已故法國社會學家布迪厄（Pierre Bourdieu）指出，世人認為什麼東西有品味，是由社會的上流階級決定的。富人藉著愛好特定物品與經驗，而為一般大眾創造了社會規範。底層階級於是跟著採取這些偏好，在潛意識裡暗中盼望模仿富人能讓自己顯得體面。

此外，也有人認為品味是對於人生經驗的反應，對於個人歷史的反應。根據這種觀點，品味乃是試圖滿足在人生中一再遭到阻擋的心理需求。

從這個角度來看，品味頗具揭示性。最吸引我們的物品和經驗不是任意決定的結果，也不是客觀上討人喜愛，而是能夠讓我們對自己有深入的了解。說得更確切一點，那些物品與經驗能夠揭露我們內心最深處渴求的心理欲望。

英國哲學家艾倫．狄波頓非常喜歡這種觀點，認為依此可以對許多事物提出解釋。比如，為什麼有些文化特別受到奢華鋪張的裝飾吸引（他舉俄國與沙烏地阿拉伯為例），另外有些則是偏好簡單俐落的設計（例如北歐國家）。這兩種愛好都是對於歷史條件的反應。俄國與沙烏地阿拉伯都經歷過數十年的經濟匱乏，由於奢靡的室內裝潢代表的正是貧窮的相反，也因此偏好華美裝飾（也有人以類似說法解釋剛成名的饒舌歌手為什麼總是熱切展示身上的金項鍊、金戒指與金牙）。另一方面，北歐人則是生長在財務相對安穩的環境裡，因此不渴求財富的視覺呈現；相反的，他們偏好平靜祥和的室內裝潢，藉此平衡日常生活中的過度刺激。

暫且不論品味的確切起源爲何，至少有一點是可以確定的：培養覺察力來找出打動你的作品，是創造非凡作品的必要前提。

小說家強納森．薩法蘭．弗耳（Jonathan Safran Foer）這麼說：

> 我認爲，傑出作家與不甚傑出的作家或根本不是作家的人之間的區別，就是品味……我所謂的品味，不是知道什麼東西在客觀上是好的——因爲沒有所謂客觀的準則，外界也沒有可以指涉的事物——而是知道你自己對什麼東西有反應，然後憑著信心勇敢邁出步伐，認定能夠引起你強烈回應的東西，一定也能夠引起其他某些人的強烈回應。

這是極爲重要的觀察，也提出其中重點。與其把自己缺乏迅速做出頂尖表現的能力視爲災難，比較明智的做法應該是慶幸自己能夠察覺需要改進的地方。

這是表現卓越不可或缺的條件。

越厭惡，越進步

一九五〇年代，科幻作家席奧多．史鐸金（Theodore Sturgeon）已經受夠了。多年來，他一直聽到文學評論家把他寫作的這種文類批得一文不值。出版界的品味主流對於科幻小說嗤之以鼻，拒絕關注相關作品。不過，他們一旦關注，狀況又更糟了，敵意明顯可見，而史鐸金也看出他們內心的想法：認定科幻小說是幼稚的三流垃圾。

史鐸金認定評論家不會奇蹟似地突然看出自身謬誤，於是乾脆自己動手寫一篇評論文章，進而在一九五八年轟動文學界。

史鐸金的論述不但精闢，且出乎意料又令人難忘。他沒有反駁評論家的論點，而是對他們的觀點表示同意，令他們大感意外。

「科幻小說當中確實存在大量垃圾作品，這也的確令人遺憾，但這種情形就和其他任何領域都有垃圾一樣自然。」意思就是說，沒錯，市面上出版的許多科幻小說確實令人失望，但其他每一種類型同樣也有劣作。因此，科幻小說並不優於也不劣於其他文學類型。為了強調自己的論點，他以充滿挑釁的語氣宣告道：「**所有事物**都有百分之九十是垃圾。」

史鐸金的這項主張被奉為「史鐸金定律」，可以擴大推論到任何領域生產的作品，都有百分之九十是垃圾。也就是說，百分之九十的藝術作品都不會讓人留下深刻印象，百分之九十的網路內容都不值一顧，百分之九十的餐廳也都達不到標準。

雖然百分之九十很明顯是個頗爲獨斷且極端的估計，不是每個人都同意這樣的說法，不過另一方面，史鐸金定律倒是提供了有用的數字，也就是提供了評斷的基準，用來判定你的品味夠不夠高，尤其是用來評估你希望精通的領域中的作品。在你接觸的所有作品裡，如果有一半都令你讚嘆不已，那麼你對自己眞心喜愛的事物大概還不夠熟悉。

不過，這不是說願景與能力的落差不該令人感到難過。你要是夠幸運，就會對這樣的落差感到苦惱。這種負面感受一旦駕馭得當，想拿出精湛表現而達到內心標準的渴望，就會爲你提供不斷精進的動力。

其中挑戰，就在於知道該怎麼弭平落差，好讓你現有的能力與目標之間的距離能夠對你產生激勵，而非感到洩氣。

這點究竟要怎麼做到呢？在後續章節裡，我們將檢視達成頂尖表現的各種策略，而且是實用又奠基於證據之上的策略。在這段旅程當中，我們的注意力主要將投注於三個群體：菁英運動員、欣欣向榮的企業的領導人，還有創意超級巨星。

從運動員身上，我們將學到如何獲取練習的完整效益、如何精通新技能，以及在充滿壓力的情況下做出好表現。

從企業領袖身上，我們將學到如何監控適切的指標，並以明智的方式冒險，而不至於賭上一切。

從創意超級巨星身上，我們則可以學到怎麼測試新點子，以及訓練周遭的人爲我們提供更有用的回饋。

這一切都始於一個步驟，可以讓你在任何任務當中提升個人表現。這個步驟是什麼呢？就是下一章的主題：計分板原則。

CH 4 計分板原則

午餐過後，電話鈴聲響起。是你媽媽打來的電話。她剛去看醫生，你從她說話的聲音就聽得出來，她很害怕。最後，她終於告訴你到底是怎麼回事：她的血壓突然飆升，達到危險程度；藥物效果有限，她必須趕快減重，而且不能復胖。

「我馬上過去。」你對她說，隨即抓起外套。

到了媽媽家之後，她一見到你就情緒崩潰，說她需要你。她沒有足夠的意志力可以獨自減重，你可以幫幫她嗎？

你做的第一件事情，就是檢查櫥櫃。藍莓鬆糕、加了奶油的爆米花、白麵包。你把這些東西全丟進垃圾袋裡。接下來是冰箱。你不敢相信自己的眼睛：切片薩拉米腸、爆量的冰淇淋，還有放太久的起司蛋糕。你又裝滿一袋垃圾，接著是第三個。

把垃圾統統丟出去之後，你掏出手機，開始找距離最近的健身房。這時候，你突然想到：健身房雖好，但私人健身教練更好。你訂了一堂課，然後又打電話多訂了幾堂。

改變飲食，增加運動。你覺得很樂觀，充滿信心。你抱了抱媽媽，在她額頭上親吻一下。「一定不會有問題的。」你向她保證。

一個月後，你陪著媽媽坐在醫生診間裡。醫生對你們說，你媽媽已經減掉幾公斤的體重，血壓也有進步。進步速度雖然緩慢，但明顯可見。

你轉頭看向你媽。她應該感到自豪，至少也該鬆一口氣。不過，你一眼就看出她完全沒有這樣的感覺，還是害怕不已。於是你說：「我們剛調整了她的飲食，而且她現在一個星期運動三次。我們還有什麼可以做的嗎？」

「有個方法。」醫生答道。那是一種在臨床試驗當中表現相當好的療法，初期結果顯示，它能夠加速減重、降低壓力，也能預防復胖。

最棒的是，還完全沒有副作用。

你雖然不太想問，但還是不得不開口：「這種治療要多少錢？」

醫生微微一笑。「一毛錢都不用。」她回答道，同時拉開抽屜，「就是這個。」

如何只用單一指標建立商業帝國

醫生推薦的到底是什麼？不是一種醫療程序，也不是實驗藥物，或是新的飲食法或運動方式，而是一種被許多高績效企業當成祕密武器的簡單做法。

有家公司因此生意興隆，就是豪華連鎖飯店麗思卡爾頓（Ritz-Carlton）。你如果不知道麗思卡爾頓有多出色，那麼你只需要知道：二〇一九年，麗思卡爾頓在市調公司君迪（JD Power and Associates）衡量的每個項目都獲得最高分，更連續五年贏得最佳豪華飯店年度獎項。

麗思卡爾頓爲什麼那麼傑出？古典建築加上現代裝潢這種引人注目的組合無疑是部分原因。不過，當顧客被問到爲什麼喜歡在此留宿，經常會提到另一個原因：不同凡響的顧客服務。

你不禁納悶，什麼樣的顧客服務能讓人甘願付出一晚上千美元的住宿費？我自己也曾感到疑惑，結果在不久之前獲得找出答案的機會。

二〇一八年，我帶著家人住進開曼群島的麗思卡爾頓飯店。他們有許多服務上的巧思都相當迷人，但相對於其他飯店，其實並沒有什麼太特別之處。眞正在幾年後還讓我難忘的時刻，發生在住宿的最後一天。

服務人員已來到房間準備提行李了，但我們根本還沒準備好，衣服散落整個房間。我們語帶歉意地說只需要十分鐘，盼望他會願意等我們。不過，他沒有在房間外面閒晃枯等，也沒說晚點再來，而是做出我們沒預期到的行爲：他開始幫我們打包行李，甚至還找來同事，把家具拉開看看有沒有我孩子的玩具掉在裡面（結果還眞的有！）。

後來我才發現，這其實不是我們的獨特體驗。只要上網搜尋「麗思卡爾頓的顧客故事」，你就會發現，這家飯店會在顧客生日當天準備令人驚喜的玫瑰花瓣浴、在提出修繕需求的房間裡留下巧克力扳手，也會把兒童忘在飯店的塡充動物玩偶寄還，還會附上那玩偶在飯店裡各個地點享受延長假期的照片，包括泳池、水療中心，以及健身房。

麗思卡爾頓怎麼會這麼擅長顧客服務？方法就是持續不斷追蹤績效指標。每一家飯店的管理團隊都會監控一大串數字，包括登記入住的等待時間、預先訂房，還有員工滿意度。不過，麗思卡爾頓的全體工作人員更是會對某項指標如同著魔般密切監控。不是飯店的財務狀況，也不是顧客滿意度。

顧客在麗思卡爾頓飯店退房離開之後，會在二十四小時內收到一封電子郵件，詢問他們有多願意向朋友與同事推薦這家飯店（市場調查人員把這項指標稱爲「淨推薦值」）。麗思卡爾頓發現，淨推薦值指標才是眞正的重點所在。只要在這項目得高分，就表示你不只讓顧客獲得滿意的住宿體驗，而且還創造了狂熱的粉絲。麗思卡爾頓這麼教導員工：非凡的顧客服務不只讓顧客感到滿意，還會促使他們向自己社交圈裡的成員盛讚這家飯店。

要怎麼做，才能夠激發這樣的熱情？答案是藉著超越顧客的「明確要求」，而因應他們「沒有表達出來的需求」。

回應明確要求，就是對問題進行表面上的理解，並給予相應的回答。

幾點可以登記入住？

下午四點。

飯店有咖啡廳嗎？

有。

我找不到我的泳鏡，你們有看到嗎？

抱歉，沒有看到。

這些回答絕對足夠，也都正確無誤，但任何一個麗思卡爾頓的員工都會告訴你，這些回答其實錯過了珍貴的機會。

要因應顧客沒有表達出來的需求，必須思考這個問題爲什麼會被提出來。賓客希望解決什麼潛在的需求？透過這樣的角度來聆聽，能夠促使麗思卡爾頓的員工以更具同理心的方式回應顧客，因此顯得不同於其他連鎖飯店。

幾點可以登記入住？

下午四點。您的班機會提早到嗎？如果您想要的話，我可以幫您安排提早入住。

飯店有咖啡廳嗎？

有，需要我把菜單傳給您嗎？

我找不到我的泳鏡，你們有看到嗎？

先生，我沒有看到，需要我幫您買一副新的嗎？

藉著因應沒有表達出來的需求，麗思卡爾頓的員工因此能令顧客感到驚豔，從而造成令人難忘的服務與爆表的淨推薦值。*

這樣的結果極爲引人注意。不只是因爲麗思卡爾頓經常在豪華飯店排行榜登上冠軍，而是因爲麗思卡爾頓的員工證明了聚焦於特定衡量標準，能夠造就出多麼非比尋常的成果。

我們一旦把行爲連結於指標，就會產生強而有力的效果。而本章要回答的問題，就是：爲什麼？

計分板（數不盡的）優點

以指標馬首是瞻，麗思卡爾頓不是唯一這麼做的企業。當今企業都充斥著資料，現在的高階主管只要點下滑鼠鍵，即可看到每小時營收與顧客要求；行銷主管可以追蹤網站造訪人數與轉換率；人力資源部門領導者也可以監控應徵人數與員工留任率。

---

*他們也造就了為數驚人的名人仰慕者，包括賈伯斯在內。賈伯斯推出蘋果的經典專賣店之前，就指示他的團隊研究麗思卡爾頓的服務方式。

企業領袖如此著迷於關鍵績效指標（KPIs）是有原因的。而且，不只是因爲能讓公司更好掌握具體成就，還因爲衡量能夠帶來進步。採用哪種指標，就自然而然會更加關注該指標，致力追求最佳化。因此，能否辨識正確的指標，造成的差異可能會是持續不斷的成長，或是最終破產倒閉。

不只有企業能從指標的力量當中獲益，個人如果希望形塑自己的行爲，也可以善加利用。以下充滿說服力的案例能讓人知道，正確的指標在任何領域都是自我提升最有價值、也最沒受人充分利用的貢獻者。

單看飲食就行了。本章一開頭故事中的醫生建議你媽媽採用的療法是什麼呢？飲食日記。凱薩醫療機構（Kaiser Permanente）的醫療專家進行了一項一千七百人的臨床試驗，發現只是單純要求節食者記錄他們吃下哪些食物，就比其他採用同樣飲食法但沒有記錄飲食內容的對照組，減掉了雙倍的體重！

追蹤記錄爲什麼具有如此強大的效果？因爲這會促使節食者省思自己的飲食選擇，並且讓他們明白看見自己的熱量攝取。不過，有用的不只是回顧過去的選擇，追蹤記錄對於未來決定的影響更爲重要。

我在忙碌的職場人士身上觀察過類似效果。在我的職業輔導課程上，最早邀請客戶做的其中一項練習，就是連續幾日追蹤記錄工作的時間分配，以便客觀看待他們怎麼度過一週。然後一起坐下來檢視記錄結果，這麼做總是深具啓發性。我們每次一定會發現有些任務已不再有用，也有些活動占用太多時間。

不過，這項「客觀」練習其實在過程中就會變得不客觀：單是記錄自己的時間運用狀態，就會影響我們做出的選擇。畢竟，如果只有你的瀏覽器歷史紀錄知道你浪費三十分鐘觀看YouTube影片，對你不會造成太大心理壓力；但你如果必須在時間記錄表當中報告這項行爲，對於這個選擇的考慮想必會審愼得多。一旦知道你自己（或是你和績效教練）會在事後分析你的行爲，觀看影片帶來的樂趣就會顯得沒那麼吸引人，而有助於你做出比較明智的長期決定。

適當的衡量標準也能揭露浪費掉的努力。你一旦開始蒐集績效指標，對於目標結果沒有貢獻的一切元素也就顯得無法忽視。接受我輔導的客戶當中，有不少人都從原本在大組織裡工作轉換到創辦小型企業，這些客戶都注意到自己看待會議的態度轉變了：以前只是不太喜歡長時間的大會議，現在對於花費幾小時和同事說話卻感到強烈厭惡。

爲什麼會有這樣的變化？創業者對於驅動自身企業的指標極爲敏感。一旦忽略這些指標，將會付出財務損失的代價。舉行立意良善的會議雖有其必要，但時間冗長且缺乏焦點的會議極少對創新、執行與獲利產生有意義的貢獻。

相對於公司本身，有多少員工會追蹤對自己職涯具關鍵重要性的指標？當然，大多數組織文化都把會議視爲不可避免，不論員工有多麼明確意識到那些會議並不是有效的時間運用之道。儘管如此，我們還是迴避不了以下問題：如果每個員工都有即時指標，顯示他們必須達到什麼成果才能獲得下次的晉升機會，那麼會議還會如此常見嗎？

追蹤記錄尤其有用之處，就是把注意力導向我們通常會避免的珍貴行動，例如重新聯繫舊客戶、開發新的行銷計畫，或是那些你通常會忽略而導致職業生涯難以進展的其他各式活動。把必須採取的行動轉變爲指標，可以讓你更有機會堅持到底，這是因爲指標會帶來情感層面的效果。

如同創投資本家本．霍羅維茲（Ben Horowitz）在《什麼才是經營最難的事？》（*The Hard Thing About Hard Things*）這本著作裡指出的：「指標就是誘因。」我們一旦看到自己的數字飆升，進步就會顯得更具體，從而激發滿意與自豪；相對之下，看見自己的指標向下墜落，則是會產生失望、挫折，甚至是羞恥的情緒。這些情感刺激絕對不是瑣碎的小事，而會爲我們的行動賦予心理上的分量，促使我們投注更多努力，追求更高的分數表現。

簡單來說，指標具有激勵效果，會帶來更好的決定和更高的一致性、減少分心的狀況，並且促成更深的情感投入。這就是計分板原則：衡量會帶來進步。因此，要在任何事物上有所精進，不論是減重、習得新技能，還是精通你透過逆向工程得出的公式，第一步都必須是持續不懈地計分。

人的大腦為何喜愛數字

如果說有哪個領域巧妙駕馭指標的力量，證明指標有多大的激勵能力，那麼必定是電動玩具。

電動玩具的開發者之所以把分數呈現在醒目可見的地方，有其充分原因，而且就算是和運動無關的電玩遊戲也是如此。他們由經驗得知，放上績效指標可以大幅提高遊戲娛樂性，也能帶來競爭效果——包括在對戰的玩家之間，以及想要創下個人最高紀錄的玩家。

我的好朋友葛瑞格．艾爾威（Greg Erway）是一九八〇年代經典機檯遊戲《酒保》（*Tapper*）的世界紀錄保持人。當初爲了贏得這頭銜，他連續玩了十六小時的遊戲，期間完全沒有停下來吃東西或上廁所。葛瑞格付出這麼多的努力，得到了什麼回報？他有獲得贊助商奉上一張大支票嗎？把大獎盃搬回家？還是贏得一大群粉絲？完全沒有。葛瑞格唯一得到的，就是知道自己在這個電動玩具當中獲得了比其他人都還要高的分數排名。

明顯可見，葛瑞格對於電動玩具的熱情遠超過大多數人。不過，他的故事顯示人只要認爲一項指標有意義，就願意投注極大的努力追求。

現在，即時績效指標的使用已不再僅限於電玩界。應用程式開發商早已深深明白指標的激勵力量，因此普遍利用分數以及獲取更多分數的可能性，設法影響各式各樣的行爲。遊戲數字化的現象到處可見，你現在絕對很難找到**不**突顯分數的應用程式，就算那些分數沒有明顯存在的理由也一樣。分數乃是以精明的方式送出，藉此引誘並且操弄使用者拉長玩遊戲的時間、再次回訪，以及忍不住在應用程式內花錢購買。

近來的實驗室研究顯示，就算分數和人的行爲完全無關，看到總分不斷升高，還是會激勵人付出更多的努力並達到更高的績效。研究人員把這種現象稱爲「數位推力」。實驗者指出，即使是「本質上沒有意義的數字」，也足以「對行爲造成策略性的改變」。

那麼，我們要怎麼解釋指標影響行爲的力量？數字爲什麼會是如此引人入勝的激勵力量？人類又爲什麼在某些時候似乎特別著迷於統計數據？

心理需求是原因之一。數十年來的研究顯示，不論年齡、性別或文化，所有人都天生具有三項基本心理需求：歸屬需求、自主需求，以及勝任需求。不斷升高的分數正是迎合這三項需求當中的最後一項——也就是人類對於學習、技能習得以及達成精湛技能的基本渴望。藉著數字的進步以及展現成就，指標滿足了我們對於成長的追求本能。

還有些人則是認爲我們對數字的著迷來自更深層的源頭，是一種在過去曾經極度重要的生存機制發展過頭造成的結果。

安德烈亞斯．尼德（Andreas Nieder）是專精大腦科學的生理學教授，他投注數十年時間研究數字如何受到各種不同物種的處理，包括人類在內。根據尼德的說法，所有動物天生帶有「數字本能」——這是一種根深柢固的衝動，目的在於尋求對自身生存與繁殖不可或缺的數字資訊。

在《數字腦：數字本能的生物學》（*A Brain for Numbers: The Biology of the Number Instinct*）這本著作裡，尼德提出許多例子，顯示數字如何促進演化上的成功。想想數算能力的價值。在極爲基本的層次上，辨別大量與少量食物的能力，確保了我們的遠古祖先能夠把更多注意力投注在適當的獎賞上，以將生存機會最大化。

關注數字還有其他重要效益，尤其是社會環境。這樣的數學傾向不但讓我們的祖先得知該追求什麼食物來源，也讓他們能夠迅速解讀外來群體的勢力與影響力。在遇到新部族時，估計對方的規模大小即可讓他們取得策略資訊，而知道自己可以征服哪些部族，又該對哪些部族敬而遠之。

估計數字也有助於保護自己的生殖伴侶。你只要明白自己有多少競爭對手，就能夠知道什麼時候必須注意看顧自己的伴侶，什麼時候又可以任由對方獨自行動。

由於以上原因，天生擁有數字本能的人也就在生存與繁殖方面獲得更大的成功。所以，唯有執迷關注指標，才能取得策略優勢；若是對指標置之不理，則不免導致自己陷入險境。

虛榮指標

數百年來的演化造成我們執迷於數字資訊，這個事實爲我們帶來機會，卻也是種詛咒。

先來看看這帶來的許多危機。人類在以前從來不曾面對這麼多指標，有些指標確實深富價值，但大多數的指標都不是如此。在每個工作日裡，員工平均都會碰到大量的數字資訊，包括尚未閱讀的電子郵件數、行銷數據、股價、追蹤者人數，還有應用程式的提醒，等著揭露使用者的睡眠／運動／情緒分數。對於數字洞見的渴求在以前幫助人類物種存續至今，但現在，這種渴求則令人易於分心，在最糟的情況下更可能導致徹底的強迫行爲。

在《精實創業》（*The Lean Startup*）這部著作裡，資深矽谷人暨創業專家艾瑞克．

萊斯（Eric Ries）提到某個令人不安的現象，一再導致前景看好的新企業偏離正軌：也就是著迷於虛榮指標。虛榮指標是易於灌水的數據，通常外行人看得興奮不已，卻不表示企業發展興旺。舉例來說，一家企業的年營收如果達到一億美元，在外行人眼裡自然是相當了不起的成就，不過，比較有經驗的專業人士必然會詢問這家公司的經常性開支有多少。如果這家企業的年營運成本也是一億美元左右，那麼它看似欣欣向榮的假象就會隨之破滅。

萊斯指出，新創公司面臨許多虛榮指標陷阱。比較常見的禍首有：執迷於網站瀏覽人次總數（而不是網站轉換率或銷售額）、追逐使用者人數（而不是致力增加付費顧客），以及追求使用者成長幅度最大化（但活躍使用者或回頭使用者其實遠遠更有價值）。從萊斯的觀點看來，追求錯誤指標的最佳化不只浪費精力，還可能毀掉企業。企業創辦人一旦受到誘人的表面目標所吸引，就可能忘了專注在真正有助於促成企業永續經營的活動，而這就是虛榮指標帶來的最大危機。

對於職場人士而言，如果想打造有意義的職涯，以上提醒也同樣適用。到處都可見這種在社會上廣受喜愛但終究不具意義的指標。依據你所追求的目標，這樣的指標有可能是你最近一次的狀態更新獲得的按讚數、你的領英（LinkedIn）社群人數，甚至是薪資單數字末尾有幾個零。只要是吸引了你的注意，但對你的健康、福祉或者職涯沒有幫助的指標，就只是讓你分心的事物。我們越是把注意力投注在虛榮指標上，就越沒有心力從事真正重要的活動。

接下來，則要談到指標帶來的機會。除了運動領域以外，極少有人懂得充分利用。由於我們對指標深感著迷，因此只要持續衡量一件事物，那件事物就會獲得我們的高度關注。而我們先前已經看過，高度的關注自然而然會促成進步。

指標帶來的機會在於衡量適當的行動，創造專屬於你的計分板，好將你的注意力導向適當的指標，尤其是那些能把你的終極願景和當下能力之間的落差拉近的技能。

所以，該從哪裡開始呢？

運動員如何利用指標開創機會

二〇一六年，費德勒的網球生涯危在旦夕。

將近二十年來，費德勒的表現光芒四射。他贏得一千場以上的比賽，獲得十七座大滿貫獎盃，並且在男子職業網球協會的球員排名中盤據第一名長達令人咋舌的連續兩百三十七週！

不過，他場上的表現卻幾乎無法解釋地開始下滑。這種衰退相當細微，先是在一天發生不尋常的雙發失誤，第二天則是出現一連串的非受迫性失誤。連續勝場變得比較沒那麼常見，不久之後，前幾輪比賽的勝利也不再必然。

費德勒那時剛滿三十五歲，因此評論家都開始公開辯論這項敏感議題：費德勒是不是該封拍了？事實證據看來對他不利。費德勒上一次在大滿貫賽獲勝已是漫長的四年前，而且那也是他近七年來在大型賽事當中唯一的勝場。阿格西最後一次在大型賽事奪冠是三十二歲，山普拉斯則是三十一歲。費德勒的網球生涯確實耀眼非凡，所有人一致同意，但是到了三十五歲，他的退休日子無疑將至。

不過，接著卻發生一件無法想像的意外。費德勒在浴室裡放水要爲雙胞胎子女洗澡，結果轉身太快，聽到「啪」的一聲短促且沒聞過的聲響。幾個小時後，他已躺在病床上，左膝腫得嚇人。磁振造影的檢查結果令人憂心：費德勒撕裂了半月板，也就是位於脛骨與大腿骨之間那塊橡膠狀軟骨。他必須接受緊急關節鏡手術，接著還必須做爲期數週的高強度復健。至於他什麼時候可以重返球場，則完全沒有明確的答案。

手術之後那幾天，是費德勒一生中最艱苦的時光。他以前從不曾受過大傷，遑論接受手術。被迫退休的陰霾籠罩著他。「（我）當時其實情緒很激動，」他在多年後坦承，「我低頭看著自己的腳，心知這條腿或者這個膝蓋可能永遠不會恢復原本的模樣。」

你要是稍微注意過網球賽事，就會知道費德勒不同凡響的職業生涯並沒有在這裡畫下句點。這起事件反倒爲他的職業生涯激發富有歷史性且前所未有的第二春。

他一度在思慮不周的情況下過早返回球場，但隨即改變主意，而給了自己整整六個月的時間慢慢康復。在這段期間，他不只從事復健以及休息，還從頭到腳徹底分析自己的打球方式，和教練團隊密切合作，以便明確找出自己在哪些地方必須改進。

乍看之下，費德勒輸掉的那些比賽實在難以解釋。就統計數據來看，他的力氣極大。他的發球有百分之五十都讓對方無法回擊，就算成功回擊，費德勒也還是能掌握這些分數，截擊得分是對手的兩倍以上。平均而言，費德勒在網球場上每得四分，對手都只能拿下一分。

不過，費德勒的打球方式當中，倒是有個要素表現得不太理想：他的反拍。從指標當中可以看出這帶來了許多問題。費德勒不只是反拍致勝球比對手少，而且對手只要迫使他必須打反拍切球，他拿下那一分的機率就遽降到百分之五十以下；而對手越強，越是善用費德勒的這項缺點。在面對頂級對手的情況下，費德勒的反拍在每場比賽造成的失分甚至高達十分。

費德勒在二〇一七年一月回歸網壇時，各方對他的期待都不高。新聞報導以鄙夷的語氣稱他爲「資深老手」，說他是網壇「老將」代表。不過，費德勒跌破了所有人的眼鏡。沒有人預期他在澳網公開賽能晉級多場，遑論奪下冠軍，而且還是擊敗他以前在大滿貫決賽從不曾贏過的對手：他整個職業生涯當中的死對頭納達爾。

費德勒在二〇一七年澳網公開賽獲得的勝利並不是僅此一次，而是宣告了他激勵人心的捲土重來。那年稍晚，他在一盤都沒失手的情況下贏得溫布頓網球賽冠軍；次年一月，他成功蟬聯澳網冠軍，創下男子網球選手贏得大滿貫冠軍數的世界新紀錄。

費德勒的打球方式出現了什麼變化？答案再次在指標當中揭露無遺。

你如果檢視他在二〇一七年澳網決賽對戰納達爾的表現，有兩點一定會引起你的注意。第一是費德勒打出的反拍致勝球數目。還記得嗎？費德勒的弱點就是他的反拍。對手只要迫使他打出越多反拍，獲勝機率就越高。然而，費德勒面對納達爾卻打出了十四顆反拍致勝球，比起他們上次在同一個場地對賽的表現進步了百分之三百五十！費德勒將自己最大的弱點轉變成一大強項。

費德勒是怎麼做到這一點的？他對自己的打球方式做出三項關鍵調整。第一是提早做出反拍動作，就在球從地面上彈起時，這樣擊球點就能夠比較低，而且離網也較近。第二是以明顯更大的力道揮拍，打出的球速比過往更快。最後則是減少球的旋轉，擊球曲線也比較平，從而進一步加快球速，壓縮對手的反應時間。

我們之所以知道這一切，原因是網球比賽當中有爲數驚人的眾多分析。由於職業運動協會對每一場比賽都會蒐集大量資料，像費德勒這樣的選手即可精確找出自己的打法當中有哪些元素需要精進。

運動界的這種現象與絕大多數職業都形成強烈對比。在一般職場上，極少有人會規律監控自己的行為，而這種慣例行動與長期結果之間的缺乏連結不免帶來影響。你如果隨便找上某位高階主管，詢問對方在今天的視訊會議當中的表現和去年比較起來如何，他們必定答不出來。一天當中有多少百分比的時間花在回覆電子郵件上？沒人知道。本週的客戶簡報和多年前比較起來如何？對於大多數的工作人口而言，這個問題的答案根本是個謎。

然而，我們卻有充分理由認為績效指標在工作上可以比在體育活動當中更有價值，原因是體育的目標明顯至極。要贏得一場比賽，費德勒只需要做一件事情：得分。在工作上，我們的目標則有如活動標靶，每天的任務都不同，在某些職業裡更是每小時都在改變。這樣的變化雖可為工作賦予趣味，卻也極易引人偏離正軌，或者把毫無意義的瞎忙誤以為是有意義的生產活動。

我們沒有計分板可以知道自己在工作上表現如何。不過，要是有呢？把費德勒的打球方式解構為個別指標的那些分析師，要是也為你在辦公室的表現做相同的分析解構呢？他們會發現你的哪些強項？又會揭露哪些弱點？而且，你要是像費德勒一樣，能夠利用這些數字洞見把自己的隱藏弱點轉變為招牌強項呢？

如何設計自己的計分板

費德勒在三十五歲的年紀出乎眾人意料地東山再起，不只為指標能如何產出開創新局的洞見提供鮮明的例子，也揭示了哪些類型的指標最有用。

費德勒的團隊為了扭轉他的打球方式而使用的指標，發揮了極為重要的效果：那些指標把漫長複雜的比賽分解成類別各異的行為。如此一來，費德勒的團隊即可分別評估他的打球方式當中的每一個元素。藉著把關鍵動作區隔開來，包括他的發球、正拍、反拍、高壓、網前得分率，團隊因此得以找出他的弱項，並且提出計畫修正。

同樣的道理，在我們希望精通的任何領域裡，也可以用類似方法衡量自己的績效。要有效利用指標，需要的不只是對於績效的總體回饋，而是需要對於我們的關鍵行為加以衡量的資料，從而讓我們得知自己在哪些方面表現良好，哪些方面還有進步空間。

你該衡量什麼呢？值得監控的要素會隨著任務本質、你擁有的技能程度，以及你的終極目標而異。在此前提之下，以下有三個值得考慮的做法。

第一，是把單一活動拆解成多項次級技能。就像一場網球比賽是由不同類型的擊球構成，大多數智識活動也可以分解成幾種不同類型的技能。舉例而言，假設你的工作必須向潛在客戶推銷你的公司，而你想發展指標追蹤自己的績效。你在會議上提出簡報時，會涉及幾種次級技能，包括記憶、說話技巧、肢體語言、氣勢，以及姿態。錄下你的簡報，然後針對這些元素個別評分，可以讓你明白看出自己在哪些面向表現優秀，又有哪些需要改進。

第二種做法適合的任務，重點不在於結合不同技能，而是展現特定的特色。撰寫報告、文章或者客戶電子郵件就是有用的例子。在這三個案例當中，主要技能都是有效的文筆技巧，然而，還是可以找出指標，幫助自己評估文本的品質。

假設你正在草擬一封電子郵件，收信對象是尚未簽下重要合約的客戶。你需要趕快拿下合約，所以希望透過這封信促成你的客戶簽約，強化雙方的關係，但又不想顯得咄咄逼人或是走投無路。所幸，你已經蒐集幾封模範電子郵件，並且經過逆向大綱，辨識出其中幾個重要特徵。

你推論出自己的電子郵件應該包括以下內容：

- 一段不涉及工作的開頭，最好是聚焦於過去拉近你們關係的合作主題。

- 簡短提及你需要收信者採取的行動。
- 說明早點採取行動爲什麼對收信者有益。
- 提出收信者可能覺得有用的新資訊，例如一篇文章或有意思的觀點，藉此展現你正在努力朝著雙方共同的目標邁進。
- 在結尾表達你對於雙方關係的熱情，或是期待收到對方的回覆。

不消說，這些特定特徵不會適用於每一封電子郵件或是所有收信者。不過，暫且假設你認爲以上幾點在你的電子郵件中是不可或缺的要素，藉此向對方表達「我們談好的合作是否該定案了？」這樣的要求。

下一步，則是把這份清單上的每個要點轉變爲計分項目。以下是方法之一：寫完電子郵件之後，藉著爲自己的表現評分，以評估信件草稿的優劣。問問你自己，在一到七分的量表上（一分代表「不佳」，七分代表「極好」），這封電子郵件在以下面向各得幾分：

- 一段不涉及工作的開頭，最好是聚焦於過去拉近你們關係的合作主題。
- 簡短提及你需要收信者採取的行動。

• 說明早點採取行動爲什麼對收信者有益。
• 提出收信者可能覺得有用的新資訊，例如一篇文章或有意思的觀點，藉此展現你正在努力朝著雙方共同的目標邁進。
• 在結尾表達你對於雙方關係的熱情，或是期待收到對方的回覆。

藉由把特徵轉變爲指標，就能創造出衡量標準，爲你的表現提供立即回饋，並且將注意力導向工作中可以改進的項目。

爲你的表現創造追蹤指標的第三種方法，比前兩種都還要全面。這種方法是放寬眼光，不只聚焦於特定任務，而是評估你在特定時間範圍內的整體表現。

高階主管教練馬歇爾．葛史密斯（Marshall Goldsmith）深信這種做法的效用。身爲多產作家與教練輔導先驅，他堅持自己所有的客戶都必須辨識出理想版本的自己，然後往回推，列出這個最佳版本的自己會規律從事的特定行爲；接著，他再要求客戶每天評估自己在各項行爲上的表現。葛史密斯甚至也用在自己身上：每天晚上睡前，他的助理都會打電話給他，唸出清單上的問題。他發現，由別人提醒你做到了沒（問責），更能確保自己堅持到底。

葛史密斯針對自己追蹤三十六個項目，內容包括與工作相關的任務（投注幾分鐘寫作、花幾分鐘探訪客戶），乃至健康與衛生（投注幾分鐘運動、服用維他命），以及向別人展現善意與同理心（稱讚他的太太莉迪雅，或是做些令她開心的事）。

葛史密斯每天對自己提出的問題，可說是傳奇創新家暨美國革命人物富蘭克林聞名於世的習慣現代版。富蘭克林並非從小就是典型的傑出人物。他在二十出頭的年紀，以好酒貪杯與熱愛搬弄是非而惡名遠播，所作所爲不是出自理性判斷與思考，而是受到永不饜足的性衝動驅使。富蘭克林非常明白自己的缺陷，因此爲了對抗自己的弱點，列出一串美德，希望藉著自我記錄與報告的方式，把這些美德灌注到自己的性格當中。

在富蘭克林一七九一年出版的自傳裡，可以看到他每日追蹤記錄的樣本。以今日的世人對他好壞參半名聲的理解，自然可以輕易看出有些美德爲什麼會出現在他的清單上：與這些美德相反的惡行，正是他意在消除的壞習慣。在這份清單裡，排名第一的是節制（不酗酒），接著是靜默（把無意義的嚼舌根減到最少），再來是貞潔（避免淫亂）。

富蘭克林的清單涵蓋了十三種美德。每天晚上，他都會拿出個人日誌，檢視清單，標出自己當天沒能實踐的美德。

葛史密斯與富蘭克林以相同方法追求極爲不同的目標。葛史密斯設計的衡量標準，是爲了把自己身爲高階主管教練以及人生伴侶的表現發揮到極致；而富蘭克林所挑選的美德，則是意在重塑他自己的性格。*

前述例子不只展現每日追蹤記錄做法的彈性，也突顯了先發展出目標意圖清單的關鍵效益。以上過程能幫助你退後一步，深入省思，辨識出你認爲不可或缺的成就。

在體育圈裡，界定成功的結果極爲清楚明確。選手要贏，就必須累積分數、投籃命中數、跑壘數，或者達陣數。人生卻不是這樣。在現實世界裡，通往成功的道路有無數多條，而邁向致勝的第一步，就是明白知道你要得到什麼分數。

利用計分板提升能力等級

不管你是用你的計分板來衡量次級技能、特徵，還是日常習慣，都可以立刻看出若干優勢。

這麼做可以讓你體驗到擁有一套具體的預定目標所帶來的清楚明確，還有把注意力限縮於爲數有限的結果所帶來的控制力提升的感受。此外，追蹤自己的表現也會讓你更加意識到自己的決定，促使你做出更好的選擇。

不過，另外還有其他比較沒那麼明顯可見的優勢，像是獲得立即回饋的機會。大多數身在職場的專業人士經常獲得的回饋其實少得驚人，而且就算能夠獲得回饋，通常也不免延遲許久（例如年度績效評估），或是要等到我們犯錯的時候才會出現。

就我們對於技能發展所擁有的理解來看，這樣的情形實在相當奇怪。如果說專長發展學有哪一項發現被視爲無可置疑，那麼就是立即回饋對於進步極其重要。而且，回饋速度越快，我們就學得越快。這是因爲客觀資料不只會幫助我們評估自己的表現品質，也帶有重要的線索，可讓我們找出自己必須做出哪些調整才能成功。

藉著挑選一組指標而對自己的表現自我評分，我們即可在不必等待他人提供意見的情況下獲得立即回饋。這點非常重要，因爲不管你是努力要提出一份吸引人的提案、寫出一封有效的電子郵件，還是執行一道你經由逆向工程而得到的公式，自己的表現可以獲得經常性回饋都是達成精湛技能的一項必要元素。

擁有一組預定指標還有另一項不明顯的優勢，就是可以促使你從事更具策略性的思考。你一旦清楚選出界定成功的指標，就不只能夠利用這些指標在事後評估自己的表現，也可以用來預先決定哪些活動值得從事。

---

*葛史密斯的衡量標準的精確度，也是富蘭克林所欠缺的。葛史密斯追蹤的不是像「井然有序」或「勤奮」這類模糊目標，而這兩者則在富蘭克林的清單上都占有醒目地位。葛史密斯監控自己在重要任務上投注幾分鐘時間，而這樣的精確紀錄相當有用。行為科學研究顯示，我們的意圖越是明確不含糊，就越有可能堅持到底。

在麥迪遜公園十一號（Eleven Madison Park）這家曼哈頓最富盛名的餐廳，身爲合夥人之一的廚師丹尼爾・胡姆（Daniel Humm）也利用這種方法設計菜單。對於大多數的餐廳而言，只要菜單上列出的是主廚認爲美味的菜色，就會以此爲足。不過，麥迪遜公園十一號卻不是如此。胡姆設定了一套標準，用於決定任何一道菜是否值得料理。一道菜色如果要出現在麥迪遜公園十一號的菜單上，必須要滿足四個條件：美味、富有創意、意圖明確以及賞心悅目。唯有如此，胡姆才會認爲這道菜色值得開發。

胡姆的四項根本條件——美味、富有創意、意圖明確以及賞心悅目——如果是在事後套用於一道既有菜色上，即是績效指標；不過，這四個條件也可以當成篩選器，用來評估一道菜是否具有足夠看好的前景，而值得開發。這樣的做法也一樣可以套用在其他任何創意活動上。

我初次得知胡姆的做法，不禁訝異於他設計菜單的方式竟然和我爲媒體撰寫文章的方法如此相似。身爲作家，我會用一套標準篩選自己的點子，看看那些點子是否值得寫成一篇八百字的文章。說得精確一點，一個點子必須滿足四個條件，我才會認爲值得一寫。一項寫作主題必須：（一）與工作有關；（二）涉及奠基於科學之上的洞見；（三）包括可以採取行動的要點；（四）讓讀者讀完之後覺得有益學識。任何一個點子只要不符合這四項根本條件，就會立即遭到捨棄。這樣的過程能夠確保我產出的內容值得一讀，並且避免白白浪費幾個小時努力寫作。*

使用衡量指標還有最後一項不明顯的優勢，就是能夠藉著發掘出領先指標，從而揭露潛藏在成功背後的模式。

所謂的領先指標，就是能夠提前預測重要結果的衡量指標，藉此促使人在結果還可以受到影響的時候做出調整；相對之下，落後指標則是在結果已經確定之後才會反映出最終的後果。

要理解這兩者的差別，可以想像你辭去正職工作以追逐販賣手作蠟燭的夢想。你的目標是要在第一年就把銷售額衝到與目前的薪水相等，有幾項因素將會決定你是否能夠在十二個月裡成功，包括你一個星期平均可以產出幾根蠟燭、你的電子商務網站受歡迎的程度，以及你有多常能夠在街頭節慶與農夫市集這類現場活動當中取得攤位。如果個別獨立開來，這些因素都沒有辦法讓你知道自己是不是可以賺進與目前薪資相等的營收。它們具有的效果，是在這一年間幫助你追蹤獲利驅動因素。

* 我評論文章之時，也會把這些特性當成評分表上的指標。這麼一來，這四項條件就具有雙重用途：一方面是我開始寫作之前的篩選器，確認我沒有走錯路；另一方面則是事後的績效指標，確保我的執行確實有效。

在這個例子裡，你的年薪是落後指標，是你想要達成的結果；相對之下，生產速度、網站流量，甚至是活動參與率，則是領先指標——你相信只要每日從事這些活動，就能夠帶來你所追求的結果。

乍看之下，領先與落後指標的差別似乎只是晦澀難懂的商業術語。但不是這樣。實際上，這兩者的分別正爲蒐集指標的做法提供了最具說服力的一個理由。

藉著針對自己的行爲與自己希望達成的結果蒐集資料，我們即可開始辨識出成功的重要領先指標，或者也可說是成功的驅動因素。這些洞見可能具有開創新局的效果，不只對於組織如此，對於任何一個想要讓自己的表現達到最佳程度的個人而言也是一樣。你一旦知道哪些領先指標能夠預測你的成功，就可以刻意聚焦於這些指標上。

我們先前已經看過，費德勒藉著衡量指標揭露了隱藏在自己打球方式當中的弱點。那些數字不只揭露他的缺陷，也指出了某些絕佳的機會。以下這個機會，很可能就受到了費德勒團隊的注意：說來奇怪，費德勒發球的時候，比賽當中的第一分竟然深具意義。資料顯示，他如果拿下第一分，贏得比賽的機率就會飆升到不可置信的百分之九十七。

如同費德勒，我們每個人在日常生活中也都有等待著我們發現的領先指標。

假設你的目標是要一方面保有正職工作，一方面又在晚上和週末建立副業。爲了實現這個夢想，你相當明智地發展出一套衡量指標，追蹤每一天的狀況：你每天投注幾分鐘建立副業，還有各式各樣的日常習慣，包括睡眠、運動與營養。

蒐集一個月的資料之後，你可能會有什麼發現？會有很多。舉例而言，你可能會發現自己只要睡滿七小時以上、在早餐前慢跑十五分鐘，而且午餐攝取的熱量在八百大卡以下，就會有遠遠更多的精力從事副業。這三個項目都是成功工作日的領先指標，並且可以透過精心規劃而刻意形塑。

生產力專家卡爾．紐波特（Cal Newport）辨識出自己的領先指標：長達幾個小時不受打擾的專注。紐波特會把這些時間親手記錄在一張紙上，因爲他發現自己的個人表現最強而有力的驅動因素之一，就是不受干擾地專心工作。他承認並指出，以明白可見的方式留下這些記錄還有一大效益：「記錄的數字太小時，會讓我覺得有點難堪，也會促使我更努力找出時間專注工作。」

歸根結柢，找尋領先指標就是追求可以管理的成功先例。你越能夠精確指出什麼樣的可控行爲會促成你渴望的結果，就越有機會提升表現，並且達成目標。

這一切都始於「追蹤衡量指標」。

追求數字的風險

創立自己的企業是什麼感覺？

只要詢問任何一位創業家，你就會發現創業可以爲人帶來各式各樣的感受。有些人覺得自豪，代表巨大的個人成就；另外有些人則覺得難以承受，充滿不確定感和深沉的恐懼。不論怎麼描述，總之不會有人說想不起來自己的創業經驗。

然而，大衛．道格拉斯（David Douglas）不但想不起來，還大感震驚。道格拉斯在二〇一三年首次得知自己擁有一家造景企業，但他根本記不得自己創立過這家公司。後來，他又發現自己還有一家粉刷與設計公司，就確定其中必有問題。

道格拉斯是富國銀行（Wells Fargo）假帳戶醜聞最早爲人所知的受害者之一。這起醜聞是規模龐大的企業浩劫，由對於衡量指標的執迷所造成。之所以會發生，原因是這家總部位於加州的金融機構對員工施壓，要求他們必須不顧一切地在單一衡量指標上拿出成果。什麼指標呢？就是對顧客賣出的產品數量。

一九九〇年代晚期，這家公司的分析師發現，只要顧客開設的帳戶越多，通常會爲公司帶來更多利潤。這項洞見轉變了公司策略。從此以後，富國銀行不再純粹藉著獲取新客戶以追求成長，而是決定轉移焦點，設法向既有客戶銷售更多產品。

於是，在整個組織都執迷於追求單一指標最佳化的情況下，會造成什麼後果？在富國銀行的例子裡，答案就是這個組織成功做到了——但也因此將財務目標與道德準則拋諸腦後。

為了確保全體員工都致力賣出更多產品，富國銀行訂定精確的額度。每個職員都必須對自己百分之八十的客戶賣出至少四項金融商品。這是底限，也就是不被開除的最低要求；至於實際目標，比這又高出許多。管理階層甚至提出口號，讓這項指標更加難忘：自此以後，與顧客談話不再稱為「向顧客提供諮詢」，而是稱為「追求八十趴」。

除了嚴苛的銷售目標之外，也持續地追蹤員工績效。每天上午十一點以及下午一點、三點、五點，全國各地區經理都必須參加視訊會議比較銷售額。名列前茅者大獲嘉許，吊車尾的則是遭到威脅與恥笑。

經過一段時間之後，區域經理都懂得要竭盡全力避免遭到羞辱，而這樣的壓力也逐漸往下滲透。不久之後，有些員工已為了達成額度而必須私下加班，還有些人則是乞求家人、鄰居和朋友開戶。後來發現，有不少富國銀行員工為了達標，甚至幫遊民開設多個帳戶！

過不了多久，這種壓力造成的代價開始浮出檯面。富國銀行不只以咄咄逼人的推銷策略疏遠顧客，也徹底打垮全體員工士氣。在銀行內部，經常可以看到員工在座位上哭泣、在廁所裡嘔吐，也有人因爲恐慌症發作而逃出會議。一名員工坦承自己會在開會前喝洗手液，只爲讓自己鎮靜下來。「公司一再說我們最後只能到麥當勞打工。」一名前分行經理向《洛杉磯時報》表示。她也同樣在沒有加班費的情況下利用週末時間加班。

最後，有些員工意識到這樣根本行不通，遂決定開設假帳號以應付業績。像大衛・道格拉斯這樣的顧客，就是這起事件的受害者。他的假公司正是富國銀行員工捏造出來的結果。行員爲了達成個人業績，不惜破壞道格拉斯的信用評等，讓他承擔莫名其妙的銀行費用。

在本章，我們探討利用計分板追蹤自身表現能爲人帶來的各種效益。不過，如果以爲衡量指標純粹有益無害，那可就錯了。有時候，數字可能導致我們走上歧途，就像富國銀行一樣。*

對於橫掃了富國銀行辦公室的那種歇斯底里心態，心理學家稱之爲「替代現象」（surrogation），指的是人過度執迷達成某個數字業績，反倒把那個數字希望促成的結果拋諸腦後。衡量指標因此成了替代品，本身成了最終目標。

你一旦明白這種替代心理，就會意識到這類現象到處可見。替代現象就是汽車經銷商願意在每月最後一天爲你提供更高折價的原因，也是打擊率高的棒球選手爲什麼會在球季最後一場比賽選擇不出賽，更是爲什麼我們有許多人會繞圈踱步，好讓計步器能夠宣告我們今天走一萬步。

從許多方面來看，替代現象是衡量指標帶來的自然後果。這是因爲數字本身就是極強大的推動力，所以在許多情形下，數字都會讓人眼界變狹隘——就算我們衡量的對象是自己也不例外。

打造個人計分板三要訣

見樹不見林只是追蹤指標潛在的陷阱之一。要把所有可能的風險列出來，恐怕足以寫上一整本書。所以，且讓我們把目光轉向避免反效果指標，以及設計最佳計分板的一些實踐範例。

第一個要訣，也是最明顯可見的一項：**蒐集多個衡量指標**。富國銀行犯下的致命錯

＊富國銀行醜聞的驚人之處，不只在於這起事件多麼充分呈現過度強調單一衡量指標的危險，也在於富國銀行追求的這項指標帶來的利潤並不是特別豐厚。在該行員工開設的假帳號當中，絕大多數都根本沒有帶來任何收入。至於確實有收入的假帳號，總共也只帶來兩百四十萬美元——還不及該公司年營收的百分之一。相較於這個數字，富國銀行因其員工的行為遭受的罰款和法律訴訟，將導致公司付出多少成本呢？預估超過數十億美元，差不多是前述收入的一千倍。

誤，就是單獨挑出一種衡量指標。你只要把自己的注意對象縮減到單一數據（銷售額、按讚數，或者會議邀請），就會增加自己追逐那個數據的最佳化而犧牲其他要素的可能性。

第二，則是在你蒐集的衡量指標當中**追求平衡**。平衡的例子之一，就是同時追蹤**行為與結果**。有些人會忍不住只聚焦於行爲，因爲行爲可以受到控制，而結果在許多情況下則無法控制。不過，這樣的想法是錯的。找出領先指標的唯一方法，就是把行爲和結果都記錄下來，然後再往回推，揭露潛藏的驅動因素。

另一個平衡的例子則涉及時間範圍。理想的計分板能夠反映出短期與長期的結果，對於需要比較長的時間才能完成的目標而言，這點尤其重要。一項計畫如果需要幾週或甚至幾年時間才能完成，很容易讓人感到氣餒，衡量短期結果會比較容易意識到目前的進展、保持動力，並且讓人覺得比較能夠達成長期計畫。

這就是爲什麼你會看到銷售週期長的團隊不只衡量成交的交易數，也會追蹤新的潛在客戶數、收到的招標書數量，以及呈交的提案數，因爲這些全都反映了短期指標，而這些指標都會對銷售團隊的最終成交量有所貢獻。同樣的，許多作家也不只用已出版的文章或書籍衡量個人表現，還會監控自己每日產出的字數。

基於同樣的原因，我們也極易聚焦於短期結果而忽略長期成果。紐約證券交易所就目睹過無數公司爲了提高季營收而犧牲掉數十年的成功基礎。在遠遠太多的案例當中，公開上市都會對公司造成提出短期成果的巨大壓力，導致難以兼顧長期投資。

第三個平衡的例子，則是同時蒐集正面與負面衡量指標。單是追蹤正面行爲與結果並不足夠，理想的計分板不但會追蹤我們希望提振的衡量標準，也會追蹤必須抑制的部分。

負面衡量指標反映出來的如果不只是預期結果的相反，就會更有價值。如果運用得當，便可以針對哪裡還有改善空間揭露特別的新資訊。舉例而言，在高級餐廳裡，許多主廚會在上完每一道菜之後追蹤顧客留在餐盤上沒吃的食物。這麼做有助於判定這道菜餚裡的哪些元素比較不成功。藉著追蹤效果不佳的部分，能幫助自己取得新的觀點，做得更好。

負面衡量指標的另一項重要功能，則是有安全護欄的作用，在正面衡量指標影響力太大時向我們提出警告。前英特爾執行長安迪・葛洛夫（Andy Grove）是衡量指標的先驅，而且採取的量化績效做法影響一整個世代的矽谷領導人。他認爲每種衡量指標都可能造成反效果。一般認爲葛洛夫提出了極重要的原則：「每一個衡量指標都應該要有另一項『搭配』的指標，衡量對象是第一個指標的負面後果。」

葛洛夫的意思是，衡量指標具有強大驅動力，所以你如果要打造計分板，就必須這麼問自己：我在這項衡量標準上要是太成功怎麼辦？藉著預期這項正面指標的負面後果，就可以發展出第二個搭配的衡量指標，避免自己忽略大局。

富國銀行實在應當聽從葛洛夫的忠告。事後回顧起來，其實很容易就可以看出這家金融巨擘可以如何納入小小的改進，而避免日後法律和財務上的災難。富國銀行要是把想提振的正面衡量指標（例如：顧客的平均帳戶數），搭配一個必須抑制的負面指標（例如：有多少顧客覺得富國銀行的業務推銷對他們造成壓力），即可輕易察覺銀行的強硬做法造成了多重大的傷害。

要創造能夠可靠改善表現的有效計分板，最後一個要訣是不時**演變你的指標**，而不是呆呆遵循一套過時的公式。

隨著技能逐漸精進，值得監控的衡量標準也不免跟著改變。你會發現有些指標就算再怎麼追蹤也不再因此受益，另外有些新行為與新結果則是突然變得值得納入追蹤。與其把計分板視爲固定標竿，比較好的做法是將其視爲具可塑性的工具，能夠適應調整，以因應不斷演變的技能與目標。

使用計分板的最大效益時期，必然出現在初始之際，也就是剛開始追蹤，而對自己的行爲與結果進行省思時。讓自己的計分板與時俱進，不只能夠確保追蹤的指標合乎當前目標，也能夠帶來一定程度的新奇感，而重新燃起我們投入的興趣。

你應該多常更新自己的指標呢？這個問題的答案因人而異，取決於你自己，還有你想精通的特定工作，以及你所屬產業的演進速度有多快。不過，有個值得參考的經驗法則，是在每一季開端省思指標是否對你有益。

不論你選擇多常更新個人目標，你的表現大概都會因爲使用指標而有所進步。選擇衡量標準、蒐集資料以及省思結果的簡單做法，必定會帶來進步。

指標是精通技能的起點，卻不是終點，因爲就算是最富洞見的指標，也只是等式的一部分。接下來，你需要有機會能夠經常大展身手，多活用自身技能。至於要怎麼創造機會，則是下一章的主題。

CH 5

如何去除冒險當中的風險

閱讀一本熱門的非文學書籍能帶來許多樂趣，而發現古怪又出乎意料的冷知識帶來的興奮感，更是讓人無可抗拒。廢話不多說，以下分享三則鮮為人知的冷知識，全都與食物有關：

- 一號冷知識：甜甜圈之所以有一個洞，是為了去除中間沒熟的部分。
- 二號冷知識：三明治是賭徒的意外發明。史學家認為三明治的發明人是英國的貴族成員——三明治伯爵（Earl of Sandwich）。他在一七六二年要求僕人為他把烤牛肉切片夾在兩片麵包中間，以便他能夠一手拿著吃，另一手忙著賭博。
- 三號冷知識：以前從沒聽說過有人把冰淇淋放進脆皮甜筒吃，但在一九〇四年聖路易世界博覽會上，一個腦筋靈活的冰淇淋小販因為小碗用完而迫切尋找替代品。所幸，他隔壁的攤位是個賣薄脆餅的敘利亞廚師，也相當親切地同意把自己的脆餅捲成圓錐狀。他們根本沒想到這一時的合作竟然會引發席捲全世界的美食狂潮。

接下來，讓我問你以下問題：過了一年之後，你還記得這三個冷知識的可能性有多高？

有幾個因素可能影響你的預測。最明顯可見的一點，也許是你的記憶力整體而言有多可靠。接著，當然還有你對食物主題的興趣、你當前心智的敏捷度，以及你覺得這幾項冷知識有多出乎意料，或是多麼值得和你認識的人分享。

有一項因素你大概不認爲會造成影響，就是這些冷知識是以什麼字型印刷。你如果像大多數人一樣，必然會認爲這說法相當荒謬。畢竟，字型只是微不足道的附帶元素，怎麼可能會影響你一年後的記憶？然而，研究卻顯示字型的影響可能大得驚人。爲什麼？因爲字型會增加我們理解一段文字所投入的心智努力。

二〇一〇年，普林斯頓大學心理學家丹尼爾．歐本海默（Daniel Oppenheimer）與他的團隊把學生帶進實驗室裡，讓他們閱讀一篇介紹某種虛構物種的文章。受試者被分成兩組，分別收到兩種不同的小冊子，一種小冊子的內容以又大又清晰的字型印刷而成，另一種則是採用比較小且比較灰白的字型印成。

容易閱讀

不易閱讀

這兩組學生都必須在九十秒內讀完內容，接著再做一件不相關的任務，好讓他們把小冊子的資訊拋諸腦後。歐本海默的團隊在十五分鐘後測驗學生的記憶，結果極爲引人注目。字型易讀的那一組在測驗中答錯的題數，是另一組的兩倍以上。

歐本海默後來又在現實生活情境裡複製實驗，找來在同一學期裡對多個班級教導同一門課程的高中老師。他要求這些老師向其中一班學生提供明白易讀的筆記，向另一班學生提供的筆記則是在影印時上下搖動、刻意把內容變得模糊難讀。一如先前，必須花費更多心思閱讀筆記的學生，反而獲得了比較好的學習成果，而且這樣的結果可見於各種科目當中，包括大學先修英語、物理、歷史與化學。

這些課堂實驗的結果使得歐本海默不禁開始對其他日常情境當中的學習感到好奇，尤其是會議與簡報。今天，我們大多數人都依賴筆電與平板迅速記下筆記，而極少使用紙筆。然而，我們在被迫思考的情況下，卻能得到比較好的學習結果。

所以，利用行動裝置做筆記雖然便利，但會不會也有缺點？爲了找出這個問題的答案，歐本海默又做了一項新研究，發現我們遠遠更善於吸收自己親手寫下的資訊。這是因爲書寫比打字速度慢，而這項限制迫使我們更用心思考，以便決定哪些資訊不可或缺，又有哪些可以安全排除。

總的看來，歐本海默的研究以深具說服力的方式顯示，投注更多心力會造成更深刻的學習。教育專家羅伯．比約克（Robert A. Bjork）把這種現象稱爲「有益的困境」。過去五十年來，比約克從事許許多多的研究，闡釋對於持久學習有所貢獻的因素。他的研究結果毋庸置疑：我們在能力受到某種挑戰限制的情況下，得到的學習效果更好。

有益的困境能促進成長，這項概念的適用範圍遠遠不僅限於教育領域。舉例而言，健美運動員會聚焦特定肌群，將其鍛鍊至筋疲力竭，而藉此雕塑體態。壓力是不可或缺的催化劑，能夠造就一連串生物反應，從而促成肌肉量、耐力與力氣的提升。

類似觀察也適用於體育界。世界級運動員習得新技能的方式，不是緊抱自己的舒適圈，而是在自己的能力上限練習，把大膽實驗與不怕失敗的健康心態相結合。

在我寫下這段文字的同時，國際體操總會正面臨徹底修改評分準則的巨大壓力。理由很簡單：美國頂尖體操選手西蒙．拜爾斯（Simone Biles）。多年來，這位贏得四面奧運金牌的高手一再展現出與競爭對手完全不同層次的實力；接著，她在二〇一九年美國體操錦標賽做出創紀錄的轉體一千零八十度空翻兩周——這是人類史上首度達到的成就。動作難度之高，現行規則下的最高分數也無法充分反映。

明顯可見，拜爾斯是天賦異稟的運動員。然而，要不是她對於挑戰的追求永不饜足，而且又樂於面對風險，絕不可能達到如此傑出的成就。她之所以能夠持續習得新技能，不是依賴天賦，而是不斷測試自己的能力上限。

看到西蒙．拜爾斯的這則小故事，你可能會認為自己已經猜到我想說什麼——在這一章鼓勵你要堅強、找出自己的勇氣，並且積極冒險。不過，這麼猜可是大錯特錯。

成功的企業對於失敗的理解

概括以上重點：成長需要壓力。一定程度的困難是心理與生理發展的必要條件。老師知道這一點，健身人士知道，運動員也知道。

然而，突破極限以及實驗新技巧的做法，在什麼領域面對的挑戰最大？職場。矛盾的是，職場雖是技能建立最不可或缺的領域，卻也最難達到學習效果。

在工作上學習爲什麼這麼困難？

首先，這是因爲在職場上失敗的代價極爲龐大。不論立意多良善，大多數主管都難以容忍錯誤，而且懲罰犯錯者毫不手軟。運動、音樂和教育等領域都深知學習來自於實驗與回饋，但職場卻執迷於立即且可靠的結果。

職場對於失敗極爲無情。每天都是比賽日，沒有練習賽的機會。

在工作上建立技能之所以困難的第二個原因，是冒險的機會少得出人意外。畢竟，企業追求的是效率，不是員工的成長。組織達成效率的方法之一，就是要求員工反覆執行相同任務。員工越常重複一件任務，速度就會越快，組織效率也會隨之提高。

效率雖有其優點，但促進學習絕非其中之一。如同西蒙·拜爾斯的例子顯示，我們不是透過單純的重複而學習。學習的方式應是踏出舒適圈，嘗試困難的事物、觀察結果，然後做出調整。學習就是這麼來的。我們一旦被剝奪了以明智的方式冒險的機會，習得新技能的機率就隨之縮減。

接著，還有第三道障礙：就算我們敢於面對失敗的可能，並且辨識出值得一試的風險，職場學習還是有個重大阻礙，也就是缺乏始終一貫的詳盡立即回饋。西蒙·拜爾斯做出大膽的新式跳躍動作之後，立刻就會知道有沒有成功，而不需要等待年度績效評估、雇用高階主管教練，或者找上自己的主管進行彆扭的對話。能夠這樣持續獲得回饋，實在是極度珍貴，拜爾斯因此能從自己的經驗當中迅速學習，並且知道怎麼做出調整——這是大多數職場人士都不可能做到的事。

所以，不論組織領導人有多注重協助員工成長，現代職場的現實環境都會導致他們很難做到這一點。

冒險與回饋在職場上如此難以獲得，實在是極爲諷刺。畢竟，成功的組織總是一再承擔巨大風險，並且不時針對市場回饋做出調整。頂尖的公司不會只求謹慎。如同西蒙．拜爾斯，頂尖的公司總是一再藉著面對新挑戰而追求成長。這樣的公司會押注在新產品上、踏入未經驗證可行的新市場，並且投資沒有報酬保證的研發工作。這些公司之所以冒這種風險，原因是知道這麼做是在商業界成長茁壯唯一可靠的道路。

這些組織怎麼能夠承擔那麼多風險？方法就是想出怎麼去除冒險當中的風險。許多最具創新能力的組織與創業家，都藉著採取靈巧且成本低廉的策略性實踐，而得以獲取冒險的利益，又不必押上全部身家。

接下來，我們將要探究這些組織到底是怎麼做到的。我們將說明企業採取的四種關鍵方法，不但能把風險降到最低，也能帶來強而有力的眞實回饋，幫助他們調整自己的做法。除此之外，也讓你知道可以怎麼應用他們的技巧，從而迎向更多挑戰、克服有益的困境，並且縮減自己當下的能力與終極願景之間的落差，又不必害怕偶爾的失敗。

從測試受眾來逆向創新的驚人力量

一九九〇年代初期，奇異公司看似即將達成供給和需求的完美商業模式。在供給方面，是奇異生產的心電圖機，這是偵測心臟病的必要工具。在需求方面，則是全世界最大的心臟病患生產國：印度。冠狀動脈心臟病是人類死亡的首要威脅，而當時有將近三分之二的心臟病患都在印度。

這道商業公式可說再完美不過，然而，卻出現令人費解的問題：奇異的機器賣不動。

在奇異總部，疑問開始不斷冒出：這到底是怎麼一回事？在全球各地，心電圖機的銷售量都出現增長，但在最需要這種機器的印度，銷售量卻趨近於零。是行銷問題嗎？還是產品問題？還是印度人對於心臟病採取另類療法？

在滿腔困惑的情況下，奇異公司的研究團隊開始深入探究。他們發現的事，徹底轉變奇異公司以及其他各種全球企業集團今日開發產品的方式。

原來，奇異的機器面臨幾項銷售障礙，包括這種機器高達兩萬美元的價格。在印度，兩萬美元是非常可觀的金額，足以讓醫療機構雇用一群全職員工。對於美國急診單位，兩萬美元也許只是一筆不起眼的預算零頭，但大多數印度醫院卻都買不起。

不過，除此之外還有另一個更重要的問題：印度的醫生對於這部機器的重量懷有疑慮。一開始，奇異公司對這項回饋感到難以理解。沒錯，標準的心電圖機確實很重，將近三十公斤，不過，這種機器是放在診間使用，這些印度醫生到底打算怎麼用心電圖機？

他們就是在這時想通了這一點：美國醫生的病患都會到診所看病，但印度的醫生卻有一大部分時間都必須外出看診，服務缺乏交通工具的鄉下病患。對於印度醫生而言，奇異的機器只在象牙塔內有用，他們需要的是平價又易於攜帶的裝置。

過了幾年後，奇異公司提出解決方案：一部以電池驅動、僅有三公斤重的心電圖機，而且還附有提把，可以像行李箱一樣提著走。這部心電圖機的零售價遠低於原本那部機器，只要五百美元，於是奇異終於大舉打入印度市場。而奇異沒有預期到的是，這部易於攜帶的機器不只在印度大受喜愛，在世界各地也相當暢銷，包括美國在內——急救人員和運動醫療團隊都樂於選用這部機器，因爲他們經常必須在診所以外施行立即治療。

奇異的心電圖機經驗讓他們學到寶貴的一課：當時廣獲接受的產品開發模式——也就是針對美國當地開發產品，然後盼望同樣的產品也能在全球新興市場當中熱銷——其實風險很高。這麼做容易抓錯重點，就像奇異兩萬美元的固定式機器一樣。

另一種比較聰明的方法，能夠爲標準做法注入新氣象。他們稱之爲「逆向創新」。由於開發中世界的條件比較嚴苛，測試成本又低，所以專爲這些地區設計產品，即有可能產生在工業化市場也能引起共鳴的解決方案。

今天，以逆向創新開發產品的做法早已擴散到奇異公司以外，也受到可口可樂、微軟、雀巢、寶僑、百事、雷諾、強鹿（John Deere）與Levi's等公司採用。藉著在新興市場測試新構想，公司就能以低廉的成本迅速蒐集回饋——這些回饋的人口通常比公司最終的目標顧客更難討好。

這種做法不只受到大型企業採用，也獲得藝人、演說家以及政治人物的青睞。大約十年前，我去過紐約市一家喜劇俱樂部，那裡因爲經常有成名喜劇演員擔任驚喜演出者而著名。結果，那天登臺的是《公園與遊憩》（*Parks and Recreation*）影集當中的演員阿茲．安薩里（Aziz Ansari）。他握住麥克風，從外套口袋裡掏出一疊手寫笑話，放在木凳上。在接下來的十五分鐘裡，他一一唸出這些內容，並且在引起觀眾熱烈反應的笑話上標記星號。幾年後，我在他的書《救救我的羅曼史》（*Modern Romance*）中看到不少他那晚說過的笑話。

安薩里把喜劇俱樂部當成新材料的試驗場，是喜劇演員的普遍做法。在《花小錢賭贏大生意》（*Little Bets*）這部著作裡，彼得．席姆斯（Peter Sims）敘述了克里斯．

洛克（Chris Rock）的一項慣例：在大型演出之前先到紐澤西各地的小規模喜劇俱樂部巡演。猶如企業測試新產品，洛克也利用這些小型表演的觀眾反應幫助他調整材料，爲重要演出做好準備。

對比較不重要的受眾預先測試材料，這種機會在每個產業當中都存在，而不只是喜劇。吉格．金克拉（Zig Ziglar）在成爲全世界最早廣受公認的勵志大師之前，原本是美國南卡羅萊納州一名生活困頓的推銷員，挨家挨戶銷售廚具，一心渴望打入演說圈。爲了獲得對著大群聽眾演說的經驗，並且調整自己的演說方式，他因此接下能獲得的每一個演說邀請，就算聽眾人數少得可笑。金克拉把初期的演說活動當成有如安薩里善用的小型喜劇俱樂部，他甚至誇稱自己在獲得付費演說機會之前，發表過三千場以上免費演說。他發現，扶輪社、獅子會、商會、大學商業學程以及教會都樂於歡迎專業演說家——尤其是免費演說。

政治候選人也採用類似做法調整政見，以及讓自己的演說臻於完美。他們出席的絕大多數活動都在老人中心、餐館，以及海外作戰退伍軍人協會的大廳，面對人數有限的聽眾——在獲得候選人資格的初期尤其如此。透過這些經常舉行而且重要性不高的演說，政治人物可以找出吸引人的文句以及喚起共鳴的主題，博取聽眾的點頭認同。

在以上例子裡，進步的關鍵都在於蒐集一小部分人口的回饋，把風險降到最低，並且利用由此得到的收穫持續調整。對於演說者和藝人來說，現場表演無疑是必要條件，不過多虧網路的出現，我們其他人根本不必離開家也能得到練習機會。

史考特．亞當斯（Scott Adams）在一九八九年開始畫連環漫畫時，筆下作品的故事主角是呆頭呆腦的工程師，以及他養的尖酸刻薄的狗。這個工程師偶爾會出外工作，但劇情總會回到這對寃家身上，以及他們在家裡的荒唐冒險。亞當斯的漫畫在多家報紙連載幾年之後，開始在作品旁邊的空白處留下自己的電子郵件地址，好讓有意提供意見回饋的讀者來信。透過這些讀者來信，亞當斯發現自己的部分作品引來特別熱烈的反應，而那些作品的故事都發生在辦公室。他發現之後，便調整了自己的做法，把漫畫內容完全聚焦在職場上，結果《呆伯特》（*Dilbert*）從此紅翻天。

藉著留下聯繫用的電子郵件地址，亞當斯開啓了與讀者之間的溝通管道，令他獲得重要回饋，造就更成功的漫畫作品。而在現今這個時代，要測知粉絲反應從來沒有這麼容易過；更重要的是，也很容易向**一小群**粉絲釋出內容，蒐集初步反應，然後再推出確定版本。

喜劇演員暨《每日秀》（*Daily Show*）共同原創人麗茲．溫斯德（Lizz Winstead）就是以這種方式發推特。溫斯德會在一天當中多次在社群媒體平臺分享軼事與笑話，她不只是吸引追隨者，也在預先測試材料。她會把吸引最多按讚數與轉推的推文加以擴張，然後用於喜劇表演中。溫斯德善用推特的方式，就和安薩里善用喜劇俱樂部、金克拉善用教會，以及政治人物善用聚餐活動的方式一樣：蒐集低風險的回饋，再據以做出調整。

利用網路蒐集回饋的做法，不光是已擁有一群支持者的人士可以運用。當今的世界充斥各式各樣尋求原創內容的專門管道，創作者即可利用這類機會測知特定分眾的反應。在《呆伯特》大紅大紫幾年之後，另一個初出茅廬的漫畫家則是在考慮該不該放棄讓作品獲得報紙聯合刊載的抱負。這個漫畫家名叫傑夫・肯尼（Jeff Kinney），多年來一直努力讓自己的漫畫作品登上報紙，卻一再遭到拒絕。後來，他一時興起向《有趣的大腦》（*FunBrain*）這個兒童教育網站投稿作品，看看自己的漫畫是不是能夠引起年輕讀者的共鳴。結果，肯尼對於中學生活的描繪不只引起正面反應，更帶來迅速增長的讀者群，而他也因此得以懷著滿滿的自信前往動漫節尋求出版商。不到一年後，肯尼當初在網路上投稿的作品改編成了一套系列書籍《葛瑞的囧日記》（*Diary of a Wimpy Kid*），至今在全球已賣出超過兩億冊，並且翻譯成五十四種語言。

透過線上媒體管道測試材料的一大好處，就是這些管道通常會讓新手作家搭配資歷深厚的編輯，於是這些編輯就可以在作品出版之前先提供初步回饋。暢銷書作者阿圖・葛文德（Atul Gawande）醫師分享自己能夠成為作家，得歸功於線上編輯對他的作品做出的大量校修。一九九〇年代晚期，葛文德在哈佛擔任外科住院醫師時，有個朋友剛成立新網站，懇求他爲網站撰寫一、兩篇文章。這份新創辦的網路雜誌名爲《石板》（*Slate*），由於前景未知，因此難以找到撰稿者。葛文德可不可以幫一陣子的忙？葛文德雖然自稱「文筆很爛」，但還是同意嘗試。他說，現在回想起來，就是這段持續獲得回饋的經驗，激勵他追逐寫作這份第二事業。

不消說，不是每個人都有時間、資源或是意願在網路上發布個人作品。此外，也沒人能保證一份線上作品得到的回饋，足以幫助創作者做出調整。正因如此，現在已有創業家開始利用付費廣告預先測試自己的材料，並且獲取立即的回饋。

作家提姆．費里斯（Tim Ferriss）爲這種做法可以怎麼聰明運用提供了可說是最引人注目的例子。他在三十出頭的年紀寫下第一部著作，是史無前例而且充滿抱負的書籍：一部分是成年回憶錄，一部分是商業自動化指南，一部分是自由宣言。結果，棘手的卻是爲這本書命名。他原本取的書名是「爲了樂趣和獲利買賣毒品」，雖然相當吸引目光，卻引來書商強烈反對，沃爾瑪百貨甚至頗不尋常地預先拒絕上架，費里斯才意識到自己必須更改書名。

費里斯列出一串選項後，卻陷入猶豫。

他知道這些書名都可用，但到底哪一個最好？

和漫畫家史考特・亞當斯或者喜劇演員麗茲・溫斯德不一樣的是，不曾出版過著作的費里斯沒有一群可用來測試的讀者。於是，他只好退而求其次，購買谷歌關鍵字廣告（Google Adwords）測試哪個書名能夠吸引最多點擊數。這項實驗花費了兩百美元左右，結果他在不到一星期的時間裡，就找出確切無疑的贏家：《一週工作四小時》（*The 4-Hour Workweek*）。他也因此得以避開幾個明顯可見的拙劣書名（例如「寬頻網路與白沙」，以及「百萬富翁變色龍」）——要是取了這樣的書名，他這部著作要獲得成功想必會困難得多，甚至根本沒有成功機會。

費里斯採取的方法可以應用在各式各樣的領域，而不僅限於書籍。現在，任何人只要有一小筆預算，就可以在谷歌與臉書這類線上平臺接觸到一群極爲明確的受眾，而迅速獲得回饋，確認某個概念的吸睛度。

此外，由於線上受眾在大部分情況下對於創作者並不熟悉，因此贏得他們的注意與讚賞，自然比吸引既有的粉絲群困難得多。就像在新興市場販售產品一樣，面對的標準高出許多。所以，某個概念若是在網路上受人喜愛，就更有機會引起既有粉絲的共鳴。

測試標題只是冰山一角，付費廣告也可以用來邀請網路使用者造訪網站、觀看影片，或者參加現場演說。我們從來沒有過這麼多元的機會，能夠從一小群受眾身上蒐集立即且低風險的回饋。

當前正是獲取回饋的黃金時代。測試受眾無所不在，問題不是要不要測試，而是你爲什麼沒有做更多的測試。

你為什麼需要假名

時間已近午夜，現場的警察無不神色驚慌。

在所有可能爆發無法無天亂象的城市當中，麻州的伍斯特絕對排不上名單前段。然而，伍斯特最菁英的警力卻齊集在此。全部十七名值勤員警頂著大雨，竭力圍堵一群將近四千人的喧鬧暴民。

一輛廂型車開了過來，群眾瞬間陷入瘋狂。這輛車上的乘客就是所有人蜂擁前來爭睹的樂團，即將在伍斯特的摩根爵士海灣這家狹小破舊的搖滾俱樂部登臺表演。這支樂團自稱「蟑螂」。

只不過消息早已走漏，伍斯特當地人都知道了眞相：「蟑螂」只是假名，是全世界最有名的一支樂團用來掩人耳目的僞裝。實際上根本沒什麼蟑螂樂團，即將在三百名幸運至極的樂迷面前演出的是米克．傑格與滾石樂團。

那是一九八一年，滾石樂團玩的把戲終於被樂迷揭穿。他們這種做法已行之有年。在重大巡迴表演展開之前的休息期間，他們會用假名排定表演，以便能在現場觀眾面前練習，又不必承擔表演內容必須完美無瑕的壓力。

像滾石樂團這樣用假名掩人耳目，是把冒險當中的風險最小化的第二種做法。這種做法在商業界也常見得令人吃驚。

以GAP這家總部位於舊金山的服飾零售商爲例，他們會利用子品牌瞄準特定價格帶的不同消費群。與其冒著造成消費者混淆的風險，GAP以老海軍（Old Navy）這個品牌討好注重投報率的消費者，以香蕉共和國（Banana Republic）迎合比較富裕的顧客，並以阿仕利塔（Athleta）吸引運動服買家。就算是可以在既有品牌之下推出新商品，GAP還是會創立並且併購新品牌，部分原因是這家公司已經學到，行銷多個品牌讓他們有冒險的彈性，而且冒險的結果一旦不成功，也比較容易做出調整。大家都聽過老海軍、香蕉共和國和阿仕利塔這些成功品牌，不過，大概很少人記得Forth & Towne、Piperlime，以及GAP其他未能獲得消費者青睞的品牌。這些子品牌都在推出之後不久，就因反應不佳而悄悄放棄經營了。

子品牌只是公司頂著假名運作的其中一種方法，除此之外，還有自有品牌。只要走進任何一家超市，都會看到各種品牌提供的無數選項，不過，其中有一大部分選項其實是零售商自家生產的商品，只不過那些選項的品牌並不是零售商的名字。在好市多，這種產品的品牌叫做科克蘭（Kirkland），在沃爾瑪是惠宜（Great Value），在百思買（Best Buy）則是影雅（Insignia）。

目標百貨的自有品牌多達令人咋舌的三十六個，包括雜貨品牌Archer Farms與Good & Gather，服飾品牌Merona與Cherokee，還有浴廁產品品牌Fieldcrest。如同GAP，擁有眾多品牌使得目標百貨可以大幅壓低風險，利用多種身分下賭注，而不會危及主要品牌。創立多種自有品牌還有另一個優點：把這些品牌的產品堆疊在架上，可以創造出這家商店提供多種產品選擇的假象，而實際上那些產品的不同只在於標籤而已。

此外，不只是零售商會創立新品牌，地位穩固的品牌也經常會掩飾身分，尤其是在網路上，因爲這些品牌在網路上已很難高價賣出他們的商品。在亞馬遜網站，你現在可以找到由健安喜（GNC）、怡口（Equal）與Tuft & Needle等當紅品牌開發的產品，以不同品牌名稱推出，並採取低價販售。這種策略可讓他們對於新產品迅速取得回饋，而不至於傷及自己既有的產品線。

在以上案例當中，假名都可讓公司在不必承擔巨大風險的情況下實驗新產品與新身分。不過，利用假名還有個好處：假名也能用來重新推出既有產品，讓這些產品得到新的看待角度，而不必背負品牌既有的包袱。

這樣的情形在二〇一八年曾經發生過，當時一群ＩＧ網紅前往聖塔莫尼卡，參加一家名叫帕雷西（Palessi）的快閃精品店開幕典禮。在那家店裡，他們看到了當代藝術品、舒適的沙發，以及一批獨家的奢華長靴與高跟鞋，高雅地陳列在背光玻璃展示架上。他們拍了自拍照、錄製影片，也花了上千美元購買商品。

過了許久以後，這群時尚達人才發現自己被騙了。實際上沒有什麼帕雷西精品店，因爲根本就沒有這個品牌。那家店裡的每一雙鞋子其實都是瑋倫鞋業（Payless）的產品──這家財務困頓的平價鞋零售商，不到一年前才剛聲請破產保護。帕雷西是瑋倫鞋業的行銷代理商捏造出來的品牌。他們錄下後來在網路上爆紅的影片，顯示所謂的時尚專家心甘情願掏出六百美元以上購買一雙零售價不到三十五美元的瑋倫鞋款。當然，前提是這些鞋款以假名出售。

創造分支品牌測試新構想，不只是商業界常見的做法，這招在藝術領域也同樣管用。

身爲英國數一數二傑出的推理小說家，阿嘉莎．克莉絲蒂在建立輝煌的寫作事業十年之後，突然一心想寫愛情小說，但出版商並不贊同她的想法。克莉絲蒂擁有一群忠實讀者，而她一旦改變自己的寫作文類，不管這改變多短暫，恐怕都會導致這群書迷棄她而去。不過，克莉絲蒂心意甚堅，終究以瑪麗．維斯馬科特（Mary Westmacott）這個筆名推出愛情小說作品。這是明智之舉。克莉絲蒂在寫作生涯中共出版了六本愛情小說，而這些作品獲得的好評完全比不上她賴以成名的推理小說。

不久之前，羅琳在她創紀錄的《哈利波特》系列小說完結之後，也採取和克莉絲蒂一樣的做法。羅琳後續推出的作品是一套絕對不適合兒童閱讀的暴力犯罪系列小說，但作者欄顯示的不是她的本名，而是筆名羅勃．蓋布瑞斯（Robert Galbraith）。使用蓋布瑞斯這個筆名，使羅琳能夠涉足新文類而不致損及自己的名聲，重要的是也能讓她在揭露自己寫作這些作品之前，先探測讀者和書評的反應。這些作品引起的回應如果冷冰冰，我們很可能永遠不知道蓋布瑞斯的眞實身分。實際上，這也絕對有可能不是羅琳第一次用假名出版作品。

當初歌手大衛．喬翰森（David Johansen）決定採用假名，也是因爲他渴望創作新類型作品。身爲前衛的一九七〇年代龐克樂團紐約娃娃（New York Dolls）的主唱，喬翰森必須保護自己的名聲。於是，當他在一九八〇年代晚期一心創作融合沙發音樂（lounge）與卡里普索音樂（calypso）的作品時，用化名顯然是種謹慎的做法。但他沒有料到的是，他以華麗歡鬧的巴斯特．彭岱特（Buster Poindexter）這個身分開創的第二事業，爲他贏得的樂迷竟比原本的實際身分還要多。在〈熱熱熱〉（Hot Hot Hot）大獲喜愛之後，喬翰森厭倦了以彭岱特的身分演出，而把他這首走到哪裡都聽得到的單曲

進存貨。他的商業履歷完全空白，而且也從沒結識過投資人。

於是，他走進「鞋多多」（Footwear Etc.）這家當地鞋店，提出了雙贏的提案：「我會幫你們的鞋子拍一些照片，放在網路上。要是有人買，我就用原價向你們買鞋。」店經理聽了欣然同意。不到幾天，訂單開始湧入，於是斯威姆親自開車到購物中心，自掏腰包買下那些鞋子，然後寄給訂購者。

一年後，斯威姆向幾個朋友、家人，還有他自己的手療師籌集十五萬美元，然後把網站名稱改成「鞋子」的西班牙文「zapatos」。接著，他又調整幾個字母，變成「Zappos」（薩波斯），認為這個名字顯得「有趣又與眾不同」。大約十年後，薩波斯被亞馬遜以令人咋舌的十二億美元收購。

事後看來，我們很容易把斯威姆的成功貶抑為幸運帶來的結果。沒錯，身為灣區居民，他確實浸淫於創業文化中，而且一九九九年也的確跟上網路流行的理想時機。當然，現在回顧起來，當初為什麼沒人想到消費者會願意在網路上買鞋，也實在令人費解，不過，薩波斯崛起的這段敘述，並沒有充分呈現出斯威姆用於實驗其願景的絕妙策略。

斯威姆沒有建造巨大倉庫，在裡面塞滿鞋子。這麼做需要龐大資源，但他沒有那樣的資金。所以他採取什麼做法？他販賣鞋子的照片，然後在收到消費需求之後，再買下那些鞋子。藉著販賣商品原型，斯威姆因此得以大幅降低創立零售企業的風險。他的做法，就是先賣了之後，再採購商品。

斯威姆不是第一個採取這種做法的人。預售嚴格說來還不存在的產品，在商業界其實已有漫長而著名的歷史。

在比爾・蓋茲被帶到蘋果會議室去面對大陣仗人馬的多年以前，他原是成績平庸的哈佛大學二年級生，認定自己未來只能乖乖踏上律師的職涯道路。一九七四年十二月，他的宿舍房間裡出現一本新一期的《大眾電子》雜誌，封面照片是全世界第一部個人電腦：阿泰爾八八〇〇（Altair 8800）。蓋茲在高中時期把許多休閒時間都投注於寫程式，因此頗有自信能夠開發軟體，讓其他程式可以執行於那部在當時還相當原始的科技產品上。

蓋茲最明顯可見的選項，就是義無反顧投入開發他的軟體，盼望自己完成之後能夠把這件軟體產品賣出去。不過，這麼做的風險非常大。就蓋茲所知，販售阿泰爾的那家位於新墨西哥州的公司早已準備好軟體。*如同斯威姆，蓋茲也需要尋求保證，確認自己不會踏上冤枉路。因此，他沒有拋下課業直接投注幾星期的時間撰寫程式，而是發揮創意。

蓋茲首先寫了一封信給阿泰爾的製造商，聲稱自己的團隊已經爲他們的電腦開發出新軟體，願意供他們租用。由於這封信沒有得到回音，因此蓋茲拿起電話打給製造商的執行長，提議要向對方現場展示自己的軟體，想知道什麼時候方便。

蓋茲確認那位執行長願意見他之後，才和他的程式夥伴保羅・艾倫（Paul Allen）著手開發培基（BASIC）這種程式語言。這不但成為微軟的基礎，後來也促成蓋茲與蘋果的短暫合作。

今天，我們已經習於斯威姆與蓋茲採用的「先賣再說」策略，許多新創公司都僅僅靠著募資簡報就能贏得數百萬美元投資。我們只要在募資網站Kickstarter上看到一份迷人的銷售簡報以及數位渲染圖，就會熱切掏出信用卡。看到伊隆・馬斯克只憑著幾則推文，就以一部根本還不存在的車輛收到一百四十億美元的預購訂單，消費者也是眼睛連眨都不眨一下。

這些例子展現智慧創新的重點。我們在發展自己的技能時，自然不免聚焦於精進

---

*其實沒有，那家公司當時也是販賣著一件嚴格說起來還不存在的產品。《大眾電子》雜誌的封面故事是藉著阿泰爾八八〇〇的製造商微型儀器與自動測量系統公司（Micro Instrumentation and Telemetry Systems）提供的照片與規格寫成。微儀公司只有一部阿泰爾八八〇〇的可用模型，結果那部模型又在寄送過程中丟失了（實在很悲慘）。就連雜誌封面的那張照片也是假的，照片裡的機器只是阿泰爾八八〇〇的外殼，裡面其實全是空的，完全不含任何電腦科技。

自身的執行能力。我們想寫出完美的劇本、開發完美的網站、提出完美的演說，不過，有時比較好的做法是先不要忙著追求卓越，而應該先確認自己的做法確實是別人也渴求的。

創造出沒有人要的完美事物，對我們一點好處都沒有。要避免落入完美的陷阱，同時也降低風險，方法之一就是率先跳到下一步。對於許多專業人士而言，那個下一步就是把構想推銷給顧客、客戶或者企業主管。先從推銷開始是種必要手段，能夠幫助企業與創作者避免注定失敗的計畫、以更快的速度評估潛力，更重要的是能夠做更多的冒險之舉。

發現下一步其實很簡單，例如思考以下問題：我要是成功執行這個步驟，接下來該做什麼？這可以有各式各樣的答案，例如：像斯威姆那樣創建新的銷售網頁，或是像蓋茲那樣約定一場會面，或是帶著你的大膽提案找上你認識的人。

傳奇經紀人「快手」拉扎爾（Irving "Swifty" Lazar）藉由最後這個做法建立商業帝國。在二十世紀下半葉，拉扎爾是全世界最具影響力的經紀人，不論在好萊塢的山丘上還是紐約市的出版圈，都同樣聲名顯赫。看他手下的藝人名單，就像瀏覽星光大道：亨佛萊·鮑嘉、黛安娜·羅絲、金·凱利、卡萊·葛倫、雪兒、瑪丹娜、諾爾·寇威爾、納博科夫、海明威。

你大概會認爲要吸引這麼多的明星，拉扎爾必定擁有龐大的經紀公司，雇有律師、談判人員以及星探。實際上卻不是這樣。他只憑著自己一人和一個助理，就這樣而已。

他的祕訣是什麼？就是先從推銷著手。

拉扎爾到處推銷自己，對象甚至包括與他素昧平生的演員與作者。他一旦取得一家電影公司或出版商的案子，就會回頭找上自己推銷過的名人，向對方表示自己手上有件可以馬上執行的案子。如同小說家歐文·肖（Irwin Shaw）所言：「每個作家都有兩個經紀人——一個是他自己的經紀人，另一個則是拉扎爾。」

拉扎爾撮合交易的非典型做法雖然遊走於道德上的灰色地帶，而不免令許多人感到難以接受，但其背後的原則卻無疑極爲有用，在今天運用起來也比以往容易得多。

在投注心力執行構想之前，先確認這項構想確實能夠引起別人的興趣。對於作家而言，可以是寫一封提案信；對於創業家而言，可能是一份候補名單；對於發明家而言，則可能是一件原型產品。

先賣再說這種做法，其價值終究不只在於能夠降低風險並且提早帶來回饋，而是能促使創意思考者從事更多嘗試，增加他們想出致勝構想的機會。

要成長，就要像創業投資家一樣思考

看到「創業投資」這幾個字，你會想到什麼？

內容大概不脫金錢、投資人以及新創公司，而以下這點你大概不會想到：捕魚。不過，捕魚卻在數百年前引發了今天在創投業界蔚爲標準的投資做法。

十九世紀，捕鯨以獲取鯨肉、鯨骨與鯨油，是相當龐大的產業。一趟成功的出航，可以帶來數千美元的利潤（換算成今天的幣值相當於數百萬美元），因此捕鯨也就成了極爲吸引人的職業，每年都有數以百計的船員在大西洋上拚搏財富。

過了不久，激烈的競爭就造成供給大幅減少。如此一來，捕鯨業者越想獲得成功，必須航行的距離也越遠。這樣的長程航行導致船員身陷危險情境，船上的食物可能會吃光，船員可能會發瘋，還可能在海上迷航，儘管船長都不願承認這一點。

隨著捕鯨的風險越來越高，一種新式投資因而出現。握有人脈關係的掮客奔走於兩個群體之間，一方是口袋滿滿的菁英人士，另一方則是經驗豐富且熱切想出航的船長。藉由這些掮客的牽線，富人因此能夠資助航程，並且把他們的投資分散於眾多船隻。這麼一來，投資人即可避免整筆投資因爲一艘船的失敗而全部付諸流水的風險。

直到今日，創業投資的基本概念仍是分散投資以降低風險。而且，不只投資公司採用這種策略，世界上最成功的企業集團也這麼做。迪士尼原本是爲了製作卡通影片而成立的公司，但現在營運的內容包括主題樂園、度假飯店、遊輪公司、住宅社區、串流服務，並且擁有皮克斯、漫威與ＥＳＰＮ。巴菲特的公司波克夏海瑟威（Berkshire Hathaway）原本只生產紡織品，現在則營運全世界規模最大的不動產公司，並且擁有金頂、蓋可（GEICO）、鮮果布衣（Fruit of the Loom）與冰雪皇后（Dairy Queen）。就連BuzzFeed這個彙整以及生產網路爆紅內容的網站，現在也開發電視節目、食譜、實體活動以及各式商品，而我們對以上狀況都早已見怪不怪。

獲利豐厚的公司極少死守單一產品或單一產業，而是會多角經營。這種多角化做法能帶來風險降低的結果。如同勇敢無畏航行在危險大西洋上的捕鯨船，單一產品有可能因爲各式各樣的原因而失敗；不過，分散於許多不同產品、產業與顧客當中的投資要全部同時出問題，機率就低了許多。

這種降低風險原則也同樣適用在你身上。一如把財務資源分散於許多不同投資方式能夠減少風險，投資於多種職業機會也有相同效果。

琳達．韋恩曼（Lynda Weinman）的職涯選擇值得參考。一九九〇年代中期，韋恩曼在好萊塢爲自己掙得一席之地。身爲特效動畫師的她，參與製作了《星際大戰》《機器戰警》《阿比和阿弟的冒險》等數百萬美元票房系列電影，因此在電影圈炙手可熱。

韋恩曼很早就是蘋果愛好者，無師自通學會了電腦繪圖，而開始收到許多同行請求，詢問她是否能夠分享個人長才。於是，她利用閒暇時間從事教學工作，結果發現自己樂在其中。由於她找不到簡單而直覺的電腦繪圖教科書可以推薦給學生，因此自己寫了一本，並且爲其取了簡單又直覺的書名：《網路繪圖設計》（*Designing Web Graphics*）。這本書相當成功，爲她帶來應接不暇的教學請求。韋恩曼於是隨機應變，開始舉行爲期一星期的密集課程以及週末研討會。她把部分活動錄製成錄影帶出售，甚至還成立網站，向學生發放練習題與筆記，網站名稱就叫Lynda.com。二〇一五年四月，距離韋恩曼教導第一堂課不到二十年後，她的網站被領英以十五億美元買下。

韋恩曼的故事之所以值得注意，原因是她並不像創建「鞋站」線上商城的尼克．斯威姆那樣，從一開始就意在建立獲利豐厚的商業帝國。她只是跟隨自己的興趣，發展新技能，並且不斷想出服務顧客的新方法。她原本從事傳統的課堂教學，接著寫了教科書、舉行爲期一週的密集課程、發售錄影帶，並且提供網路訂閱服務——而在她做出這一切時，根本沒人聽過職業教育者建立個人檔案並提供多角化服務的做法。

在韋恩曼的案例當中，多角化的做法不只爲她帶來收入或是讓她能夠從事更多冒險之舉，也讓她得以獲益於線上教育的迅速興起。

像韋恩曼這樣的多職能工作組合——也就是從個人出發，找出多種方式運用自己的技能服務各式各樣的顧客（而不只服務單一雇主）——可以把個別風險大幅降低到能夠忍受的程度以內。你的事業越多元，其中任何一種商業關係帶來的壓力就會越小。

你如果是自由工作者或者企業老闆，建立多職能工作組合看起來也許比較容易。畢竟，這兩種角色都可以讓你自己選擇想要什麼類型的客戶、計畫，以及產業。不過，這不表示在組織裡工作的員工就不可能從事多角化發展。恰恰相反，在許多面向上，身爲組織內的員工反而讓這樣的發展更加容易。

擁有一份正職可以讓多角化發展更容易的方法之一，就是提供持續實驗。所謂的實驗，可以是針對即將來臨的計畫提議新做法、主動發起和其他部門的創新合作，或者測試新的客戶服務。這些實驗都有可能讓員工的技能組合成長，並且讓他們藉著擴展自己的角色定義而提升個人價值。

正職工作使多角化發展更容易的另一種方法，是讓受薪員工能夠在辦公室以外從事比較明智的冒險之舉。二〇一四年，威斯康辛大學研究人員檢視創業者的成功率，針對兩類人士比較：一類辭去工作專心經營新事業，另一類則是謹慎行事，一方面保有正職，同時利用閒暇時間悄悄發展個人事業。

令人意外的是，全心投入創業並非致勝策略。謹慎的員工成功的機率遠遠高出許多。

爲什麼？原因是他們擁有財務上的穩定，所以能做出比較有耐心的策略決定——這是隨時必須擔憂生計問題的創業者無從享有的餘裕。

一份基本的薪資收入能夠提供保障，而有了這樣的財務安全網，不管副業的發展多麼不順利，情勢都不至於淪落到無可挽救的地步。就某方面而言，這點正是本章探究的四種商業策略背後的統一原則。不論我們是以受眾當中的一小部分進行實驗、爲自己冠上假名、預先賣出我們的構想，還是多角化經營，只要失敗的成本一降低，承擔風險就會變得容易許多。

一般人常說成長需要勇氣：求取進步的唯一道路，就是要鼓起勇氣承受更多的風險，並且迎向令我們感到不自在的情境。不過，如同本章的發現，這其實不是個人發展的唯一道路。因應困難的挑戰與押注全部身家並非同一件事。

如果要發展自己的技能以及促進能力成長，更明智的做法不是承擔更多風險。如同尼克·斯威姆、比爾·蓋茲、巴菲特，以及我們在本章認識的其他許多卓越人士所示範的，真正聰明的做法是找出明智的機會，大幅降低冒險當中的風險。

CH 6 在三度空間練習

請試著想像：再過幾分鐘，你就要發表這輩子最重要的提案簡報。你的團隊奮力工作了好幾個星期，幫你爲這場簡報做好準備。你們所有人都心知肚明，這場簡報的成敗至關緊要。

只要贏得這個客戶，你的公司就會瞬間成爲業界冠軍；要是沒有成功，你則別無選擇，只能撤退、縮小規模、裁撤員工，而公司的士氣將會跌落谷底，你的領導能力也會遭到質疑。你的一切努力，打造的一切成果，都將取決於這場三十分鐘的簡報。

簡報當天早晨有如快轉一般模糊飛過。你可能吃了早餐，也可能沒有。你完全記不得自己離家之前有沒有向孩子道別，而且你現在正在喝的可能是今天上午的第六杯咖啡。

不過，你一踏進會議室，門在你身後關上，所有人都轉向你之後，一切就不一樣了。你覺得自己的視力變得銳利異常，你的呼吸變得和緩。突然之間，你的口中就如同變魔術般說出一連串完美無瑕的講稿。

你才播放兩張投影片，筆電就突然當機，但你還是泰然自若地繼續說下去，在沒有投影片輔助的情況下仍然講解得鏗鏘有力。後來，就算聽眾提出難以回答的問題，也早就在你預料之中，能以充滿自信與魅力的態度一一回應。到了簡報尾聲，你被問到公司如果在不久的將來可能面臨危機，你會怎麼加以因應。於是，你掏出自己在先前就爲了這樣的可能性而準備的備忘錄，其中應有盡有，包括策略目標、論述要點，以及公關活動。

簡報結束後，你的新客戶對你的表現盛讚不已，說你「非常出色」「掌控全場」「表現得像搖滾明星一樣精采」。私底下，他們的執行長半開玩笑地問你是不是能夠預見未來。你靦腆一笑，向對方保證你其實只是凡人。凡人是不可能預見未來的，對吧？

表面上看來，這個問題似乎極爲荒謬。不過，要是想想明星運動員的行爲，你也許就不會這麼認爲了。

像是小威廉絲（Serena Williams）這樣的職業網球選手，經常都必須面對球速超過每小時一百九十公里的發球。這樣的時間連眨眼都來不及，遑論舉起球拍，瞄準，再揮拍反擊。然而，她卻不只打得到球，而且回擊的準確度與力道也讓對手瞠目結舌。她是怎麼做到的？

小威廉絲做到這一點的方法，就和紐約大都會棒球隊的強棒彼特·阿隆索（Pete Alonso）在二〇一九年打出令人震驚的五十三支全壘打一樣。你要是分析他打出那些特大號全壘打的影片，就會注意到奇特的現象：他在球**還沒**離開對方投手的手指之前，就已經開始揮棒的動作。類似現象也可見於冰上曲棍球當中。像紐澤西惡魔隊名人堂球員馬丁·布羅德（Martin Brodeur）這樣的守門員，經常在對手還沒擊球之前就做出對抗地心引力的撲救動作。

科學家怎麼看待這種現象？他們怎麼解釋運動超級巨星預測未來的能力？也許最重要的是，他們的方法能不能應用在球場之外的日常生活中？

且讓我們藉著深入探索以下專家的心智，來尋求這些問題的答案。

運動員預知未來的超能力

職業美式足球員托尼·羅莫（Tony Romo）在二〇一七年春季宣布退休時，全聯盟都無動於衷。

在將近十年的時間裡，羅莫一直都是達拉斯牛仔隊的先發四分衛，而這段時期在該隊歷史上只能說是乏善可陳。他的最後幾年尤其毫無建樹。由於背部與頸部的傷勢，羅莫有好幾個月無法上場打球，而他的先發地位也早就被比較年輕也有衝勁的達克・普雷斯科特（Dak Prescott）取代。

最後，在一般球迷眼中，羅莫最爲人所知的兩件事，就是他曾經搞砸一次簡單的射門，導致球隊的球季提早結束；還有他在二〇〇七年曾與知名歌手潔西卡・辛普森傳出戀情。

所以，羅莫在退休幾個月後首度以美國美式足球聯盟球評身分登上現場電視轉播，眾人的期待自然都相當低。羅莫從來沒有轉播經驗，又比自己「專業」評論的某些四分衛還要年輕。「托尼還在摸索。」CBS體育臺的董事長坦承，語氣顯然沒什麼自信。沒人知道結果會怎麼樣。在轉播開始之前三十分鐘，製作人把羅莫拉到一旁，試圖爲他定心：「做你自己就好。」

到了那一季的季後賽之時，羅莫的表現已然成爲當年度最引人矚目的美式足球新聞。他深獲各方好評，包括製作人、球員、球迷，並且不只是因爲他迷人的熱情，而是因爲他有種難以解釋的能力，能夠做到轉播間從來沒人做得到的事：在戰術發生之前就先成功預測。

從第一次轉播開始，羅莫就會俯瞰球場，並在發球之前仔細描述進攻方即將怎麼做。接著，他會看一眼對手的防守陣式，而同樣精確說出他們的策略。他在每週的轉播中一再做到這一點，以他那有如心電感應的神祕能力令球迷震驚不已。不久之後，網路上就冒出大量羅莫哏圖，稱他爲「羅莫特拉達穆斯」，意指他有如預言家諾斯特拉達穆斯那樣擁有預知未來的能力。

《華爾街日報》甚至分析羅莫的預測能力，檢視他在轉播當中預先說出的兩千五百九十九個策略，結果發現，羅莫的正確率超過百分之六十八。爲了有判斷的標準，他們還做出引人注目的比較：這個百分比竟然比羅莫當初身爲職業四分衛的拋擲準確度還高。

羅莫的預測能力無疑相當了不起。不過，這種能力並非超出常人範圍，甚至也不算不尋常，至少在職業四分衛當中是如此，因爲他們都針對解讀對手陣式並且做出調整接受過大量訓練。強化的預期能力是專精技能之後的常見特徵，而且不只存在於美式足球界，研究人員在各式各樣的領域裡都觀察到同樣的技能。

假設我們說服羅莫到實驗室接受造影掃描，讓我們能在他現場評論美式足球賽的同時監控他的大腦活動，這樣有可能得到什麼洞見？像羅莫這樣的專家，和一般美式足球球迷有什麼不一樣？

我們可能會發現的第一件事，就是羅莫分析場上的球員之時，他的大腦活躍程度會比一般球迷來得**低**。令人意外的是，專家處理資訊所花費的精力會比新手少，卻還是能得出比較好的結果。

怎麼會這樣？這是因爲多年的經驗令專家懂得迅速辨別有關與無關的線索，讓他們能夠聚焦於值得評估的小量資訊上。他們的注意力具有高度選擇性，只聚焦於少數且必要的線索。羅莫和一般球迷不同，他的注意力不會分散於吵鬧的球迷或搞怪的吉祥物身上——他明確知道自己該注意什麼，而能輕易忽略其他一切事物。

不過，重點不只在於忽略無關緊要的事物，也在於從看似平淡無奇的徵象當中擠壓出更多有用的資訊。

一九七八年，英國心理學家發表一項巧妙的研究，顯示專家能夠藉著鎖定少數幾項富有揭示性的線索，而獲得比別人更多的資訊。在那項實驗裡，一群網球高手和新手都觀看了網球員發球的影片。在每一次發球當中，影片都終止於球拍接觸球的四十二毫秒之前，然後研究人員詢問受試者以下問題：這次發球的落點會在哪裡？缺乏經驗的球員對於這問題的答案完全摸不著頭腦。不過，專業網球員就像托尼．羅莫一樣，預測的成功率比新手準確得多。他們藉著觀察新手不會注意到的資訊，例如發球員的軀體面向什麼方位、手肘彎曲的程度，以及球拍的角度，而得以判斷球將會飛到哪裡去。

像托尼．羅莫這樣的專家之所以能夠花費較少的腦力，第二個原因是他們考慮的選項比較少。他們從經驗得知特定情境下有哪些狀況比較可能發生，哪些則比較不可能。如同禪宗僧侶鈴木俊隆指出的：「新手的心智中存在許多可能性，專家的心智裡卻只有少數幾項而已。」以磁振造影技術針對藝術家、放射科醫師以及西洋棋特級大師進行的研究，就證明了這一點。羅莫對於美式足球的廣博知識，讓他能夠排除掉出現機率低的戰術，而把注意力限縮於少數幾個可能性較高的選項，同時也帶來認知負荷降低以及預測更精準這兩項結果。

羅莫的大腦掃描結果不但顯示活躍度較低，大腦活動分布範圍也較廣。不同於新手，專家會同時運用較多的大腦區域分析資訊，原因是他們不只在觀察環境，而是同時觀察環境、解讀資訊，並且準備做出回應。相對之下，新手雖然也會執行這些任務，卻是一次一個依序執行。

我們在專家與新手之間可能會發現的第三大差異，則是在解剖結構方面。羅莫的大腦可能有些特徵會比一般球迷來得大，這樣的差異反映了神經可塑性——也就是人腦能夠自我重塑，以便更善於因應自己經常遇到的要求。反覆從事同樣的活動，會促使大腦適應，而大腦做到這一點的方式，是加速參與此一活動的神經元之間的連結，以及形成額外的神經元，好承擔部分的認知負荷。經過一段時間之後，這些適應調整會不斷累積，而造成專家與新手的大腦在實體結構上的差異。

以倫敦的計程車司機爲例，他們因爲工作而必須記住並且回想這座城市的布局、規劃。磁振造影掃描顯示，司機駕駛計程車的時間越長，海馬迴就越大，因爲這是涉及長期記憶與空間定位的大腦區域。重要的是，長期研究顯示不只是記憶力比較好的人會選擇從事計程車司機的工作，而且開計程車的經驗實際上會改變人的大腦。

這些生理上的表現——大腦活躍度較低、專注力的選擇度較高、考慮的選項比較少、不同大腦區域的互動程度較高，以及解剖特徵比較顯著——都是專精一項技能的招牌神經現象。這也反映了大腦對於我們發展出深入而複雜的知識集合所做出的適應調整。專家可依此辨識出關鍵資訊、預知未來發展，並且比別人更快做出回應。

球迷盛讚羅莫的預測能力其實帶有一種假設，認爲羅莫擁有非凡的天賦，或者是某種美式足球奇才。然而，在他菜鳥球季的相關檔案影片中，呈現出來的卻是一幅極爲不同的圖像。

羅莫在二〇〇三年原是個在選秀會上落選的三流四分衛，爲了保住自己的工作而苦苦掙扎。他跟著牛仔隊當時的教練比爾．帕索斯（Bill Parcells）練球的影片，看起來實在不忍卒睹。「羅莫，拜託！」影片裡可以聽到帕索斯以明顯不悅的語氣大吼，「你在發球前就該知道要做什麼了！」羅莫花了四年的時間，才終於說服帕索斯讓他上場打球。在這過程中，我們可以看到影片顯示帕索斯經常把羅莫拉到一旁，責罵他花了太長的時間，沒有解讀、萃取資訊，預判後續發展。「你必須把球傳出去，不然你會完蛋。這樣是正中他們下懷，你會像刀俎上的魚肉，任人宰割！」

那麼，羅莫的專精能力從何而來？他到底是怎麼從失業邊緣變成美式足球界頭腦最傑出的人物之一？

最簡單的答案就是練習。不過，不是我們一般提到這個詞語時聯想到的那種活動。在本章你將發現，大多數人對於練習的概念都太過狹隘。研究顯示，我們一旦擴大練習的定義，而能夠像托尼．羅莫這樣的運動員一樣，以他們數十年來採取的方法來練習，那麼我們在心理與生理工作上的表現都能大幅進步。

本書第二部截至目前爲止，已經針對如何縮減願景與能力之間的落差檢視了兩項元素：辨識關鍵指標，以及創造低風險的擴展能力機會。在本章當中，你將得到一套工具，能夠讓你從自己的經驗裡獲取更多知識、迅速精通技能，並且預期尚未發生的未來事件。

你要怎麼預知未來？說來矛盾，第一步就是回到過去。

最優秀的球隊教練和好萊塢大導演都這樣做

在打電話給史蒂芬・史匹柏之前，羅勃・辛密克斯（Robert Zemeckis）短暫考慮了自己遭到開除的可能性。

這是遠在辛密克斯憑著《阿甘正傳》《威探闖通關》與《浩劫重生》等電影作品贏得多座奧斯卡獎之前的事。當時是一九八四年，他還沒沒無聞，能有機會執導自己的第四部電影已算是相當幸運了。

他即將打給執行製作人的這通電話，有點棘手。辛密克斯捅了個婁子，而且是很大的婁子。他雇用的演員完全不適任，而他需要尋求史匹柏的建議。他打算提出極爲荒謬的問題：在電影已經開拍一個月的情況下，有沒有可能更換主角？這項決定會造成極大的影響。另外找演員可能得花上幾個星期的時間，也會對卡司的士氣造成打擊，並且導致電影發行時間延後數月之久。除此之外，還有當下這名主角的片酬問題：三百五十萬美元，這絕不是一筆小數目。

辛密克斯有些拍攝成果想要給史匹柏看，這在好萊塢稱爲「看毛片」。每天上午，電影的導演、剪接師與攝影師都會聚在一起檢視前一天的拍攝成果。這樣的程序可讓他們分析自己的作品，辨識出優秀的表現，並且即時調整拍攝方法。辛密克斯的團隊就是在檢視毛片時發現自己遇到了問題。「我們的銀幕中央有個洞，」辛密克斯在一次毛片檢視聚會上頗不情願地坦承道，「這主角行不通。」

史匹柏同意會面，並且預約安培林電影公司（Amblin）的試片室，好讓他們兩人能夠共同在大銀幕上觀看毛片。燈光暗了下來，投影機開始運轉，影片投射在銀幕上。這幅場景發生在一九五〇年代的一家咖啡館裡，兩名顧客坐在吧檯前，以相同的姿勢傾向一側，頭轉向左邊，手捧著後腦。餐館的門被人拉開。「喂，麥佛萊？」一群青少年男孩走進門內。那兩名顧客同時轉過頭去，彷彿是排演過的舞蹈動作一樣。「你以爲你在幹麼？」

鏡頭拉近到馬蒂．麥佛萊的臉上，也就是《回到未來》片中的青少年主角，只見他努力想理解眼前這幅景象。「畢夫？」他不敢置信地輕呼道。不過，飾演馬蒂的不是笨拙得可愛的米高．福克斯，而是眼神憂鬱、俊俏迷人的艾瑞克．史托茲。

辛密克斯和史匹柏看了數十個像這樣的場景，發現其中都明顯可見缺少了什麼東西。那個東西就是令人發噱的喜劇元素。史托茲是位迷人的演員，也非常適合演出劇情片，但是《回到未來》不是劇情片。恰恰相反，這是一部非常需要喜劇的電影，因爲片中的劇情邏輯完全禁不起觀眾認眞審視。

最後，辛密克斯根本不必設法說服對方，因爲史匹柏早已得出相同結論：他們必須把史托茲換掉。史匹柏不但認同辛密克斯的想法，而且還依照他的要求打電話給ＮＢＣ電視臺，利用自己的影響力來安排選角，讓米高·福克斯得以在主演《天才家庭》（*Family Ties*）這部影集的同時加入《回到未來》的拍攝工作。

沒有人知道《回到未來》要是真的由艾瑞克·史托茲擔任主角，最後究竟會獲得什麼程度的成功，但應該是不太可能比福克斯主演的版本更受喜愛。我們知道的是，辛密克斯認爲福克斯滑稽的表演方式是本片主角不可或缺的元素，而觀看毛片讓他得以做出至關緊要的調整，而終於造就出符合他最初想像的成品。

利用影片調整表現的做法不僅限於好萊塢電影公司，在職業運動界也同樣常見。

不久之前，ＥＳＰＮ請美式足球巴爾的摩烏鴉隊總教練約翰·哈柏（John Harbaugh）記錄自己的生活，讓他們知道他在季賽期間是怎麼度過一個星期的時間。由此產生的文章，仔細解析了哈柏在一星期裡如何促使球隊做好迎戰芝加哥熊隊的準備。

哈柏花了幾個小時觀看影片呢？數字令人咋舌：一天將近六個小時。哈柏檢視以前的比賽所花費的時間，比從事其他活動——包括舉行練習、與球員會面，以及訂定球隊戰術——**加總**起來的時間都還要多。身爲策略思考者，他深知要爲將來做好準備，最明智的做法之一就是從過去的表現中學習。

美國職籃ＮＢＡ金州勇士隊教練史蒂夫·科爾（Steve Kerr）也抱持相同觀點，而且他甚至會指示球隊在比賽當下觀看影片。現在，在中場休息時間的勇士隊休息室裡，他們做的第一件事就是觀看上半場精華片段，只不過這些片段內容不是在《世界體育中心》（*SportsCenter*）節目上經常可以看到的那種精采球技回顧。科爾播放的是球員能從中學習的片段，並藉著做出細微調整而獲益。在上半場當中，科爾只要看到有哪一球是他想讓球隊事後檢視的，就會對身旁的助理說：「留下這一段。」

緊接在這段中場影片時間之後，就是比賽的第三節。結果，沒有一支球隊能像科爾執教下的勇士隊這麼徹底稱霸第三節。單是在二〇一八年NBA季後賽當中，勇士隊在第三節的總得分就比對手整整多出了一百五十九分。這樣的分差比其他各節高了八倍，也是其他三節的分差加總起來的三倍以上。此外，這也不是偶然的異常現象。ESPN檢視了勇士隊在先前四年當中的第三節表現，結果發現「勇士隊在第三節幾乎各方面表現都領先全NBA，包括平均分數，乃至進攻與防守效率」。

導演、運動員和教練都仰賴影片協助他們從過去學習，並做出關鍵調整，這樣的調整可以造成徹底失敗與絕頂成功的差別。不消說，他們擁有一項大多數人都沒有的工具：對於表現的客觀記錄。

那麼，我們其他人該怎麼辦？在沒有影片的情況下，你該檢視什麼？

只要三分鐘，把經驗轉變為智慧

看看以下矩陣：

如你所見，這個矩陣含有十二個數字。這十二個數字當中有兩個相加會等於十，你找得出是哪兩個嗎？

可是等一下，在你開始之前，我們來添加一點趣味。假設我給了你一疊下面這樣的矩陣，然後對你說，你只要每在二十秒內找出一個答案，就可以得到一筆獎金。

這麼一來，你能夠解出幾題？

這是哈佛研究人員讓數百名成人嘗試的練習。然後，在每個受試者都答出幾個題目而獲得若干經驗之後，他們又增加了其他規定。

研究人員要求一組受試者花三分鐘時間省思自己的表現，有沒有發現什麼特別有效的策略？鑑於他們獲得的經驗，未來可以怎麼改善自己在矩陣練習上的表現？這是自我省思條件，要求個人後退一步，思考自己的經驗，就像是在腦海裡回放影片一樣。

2.65	8.23	6.87
7.98	4.31	3.25
0.99	2.55	1.23
4.49	5.69	9.03

第二組則是單純休息三分鐘。這是控制條件，可讓研究人員評估「省思過去」所造成的影響相較於單純「休息一下」會有什麼不同。經過簡短暫停之後，研究人員又發給所有受試者更多的矩陣以供解答。

所以，自我省思對於受試者的表現有什麼影響？後來研究人員統計分數，發現的結果相當引人入勝。自我省思者的表現大幅勝過單純休息者，解答的題目多出百分之二十以上。只是簡單邀請別人思考自己學到了什麼，以及在未來可以怎麼應用所學，就足以促成可觀的進步。

在後來的研究裡，實驗人員複製了這項發現，並且證明就算是在不涉及金錢的情況下，自我省思也還是會對表現有所助益。接著，他們又在現實生活中測試了自我省思，結果發現邀請員工省思他們在訓練課程中學到的東西，能夠使他們對教材內容的了解大幅提升百分之二十三。

在教育領域稱為**反思實踐**的這種自我省思，帶來的效益不只有一種。首先，反思實踐會促使我們做出在日常工作中極少會做的事：停頓下來思考自己的進展。藉著這麼做，我們的大腦會暫時被喚醒，不再陷溺於盲目反應與例行習慣當中，而開始檢視自己的行為帶有的價值。如果一切進行順利，就可以懷著煥發的自信重新向前；但如果事實證明結果有所不足，我們就會被迫尋求調整方式。

反思實踐也能夠藉著促使我們尋求更高階的原則，而有助於更深入學習。在前述「兩數相加等於十」的題目當中，難怪自我省思會那麼有效。只需簡單思索一下，就會知道解答這些問題有個捷徑：用十減掉每一個數字。（十減掉四．三一等於五．六九，矩陣上有沒有五．六九這個數字？如果有的話，就是答案；如果沒有，就再試試另一個數字。）要把十二個數字各自兩兩加總起來，必須從事遠遠更多的計算，也必須花費更多的心力。

一旦省思自己在工作上的經驗，就會找到類似捷徑。我們會不由自主地發現有用的教訓，能夠提升自己的表現，並且促使我們更善於預期未來的事件。

反思實踐的最後一項效益，是能夠引導我們把近期的經驗拿來和先前的信念比較，刺激洞見的產生。二十世紀初，哲學家暨教育專家約翰．杜威（John Dewey）大量爲文探討反思實踐的好處，他認爲這是學習與發展不可或缺的工具。杜威認爲，教育單靠觀察是不夠的。我們唯有省思自己的經驗、修正自己的信念，並且測試自己的假設，才能夠眞正獲得知識。

杜威的觀點至今仍然深深影響教育領域，因爲當今的教師在執行課程計畫之後，還是都會被敦促省思這類問題：「哪部分的效果不錯？」「哪部分還有改進空間？」以及「我下次該做什麼不一樣的嘗試？」

不過，在學術界以外，反思實踐卻很少被應用。職業人士就算會採取自我省思的做法，通常也只有在生日或新年這類年度里程碑時偶一爲之，也許是因爲必須提交績效評估，或是負擔得起教練費的人在教練敦促之下才這麼做。

在自我省思無法立刻幫助你在截止時間前交出成果的情況下，實在很難說服自己抽出時間這麼做。對於有些人來說，把注意力轉向內在，也可能會讓人覺得不自然或者彆扭。不過，反思行爲最大的障礙，也許是職場上沒有支持這種做法的常規。我們極少看到眾人矚目的領袖在辦公室裡停下來自我省思，而且就算我們看到這樣的行爲，大概也會懷著不以爲然的態度，認爲那是種極度自戀的表現。

我們受到的教導一再告訴我們，教育是由外而內——學習是藉由接觸新資訊而發生。不過這只說對了一半。檢視過去的事件，從中找尋洞見、模式，以及預測未來的方法，才能夠讓我們把經驗轉變爲智慧。

反思實踐法新手指南

假設你願意嘗試反思實踐的做法，那麼應該從何著手？

有個方法在頂尖人士當中常見得令人意外，採用者包括發明家愛迪生、藝術家芙列達·卡蘿，以及運動員小威廉絲。這個方法就是寫日誌。

寫日誌是一種頗受詆毀的行爲。不過，在你把寫日誌鄙夷爲只有孤單又喜愛小題大作的青少年才會做的事之前，且讓我們想想另一個全然不同的群體：美國海軍三棲特戰隊。

特戰隊士兵最早學到的一課，就是在作戰當中，占據高地非常重要。這樣可以讓你得到在戰鬥當中亟需的宏觀觀點。如果沒能做到，你就很可能因爲無法綜觀大局而犯下致命錯誤。同樣的道理也適用在日常生活，因爲平日的緊急事件與無窮無盡的雜務都會阻礙我們達成更大的策略目標。

寫日誌的日常習慣能讓你暫時放下手上的事，進行省思以及策略規劃，將會產生可觀的效益，而且會隨著時間過去而不斷累積。我們已經看過反思實踐如何促成更快的學習、更高的自信以及更深的知識，這還只是開頭而已。書寫每日的事件，也已受證實能夠幫助我們處理情緒、撫平焦慮，以及降低壓力。藉著對事件加上我們自己的詮釋，就不再會覺得自己只是被動應接事件。書寫自己的生活能夠扭轉情勢，恢復我們對人生握有控制權的感受。

手寫日誌尤其能夠強迫我們放慢腳步。由於大多數的成人思考的速度都比寫字還快，因此爲了等待手寫跟上頭腦，而被迫必須停下來省思，這正可以藉由我們在忙碌的生活中極少採取的方式，來檢視自己的想法。這個簡單的行為可以產生格外深刻的洞見，就像治療師向你重複你說過的話，有可能會讓你突然意識到潛藏其中的動機或是對你造成限制的信念。

心理學家還發現寫日誌的許多效益，但與其列出一份完整的清單，我想強調一種我發現特別有助於促進自我省思、學習與技能發展的日誌書寫方式：撰寫五年日誌。

這種日誌可以在書店裡找到幾種不同版本，但是全都有個共同之處，就是每一個日期都會列出五個空格，以供連續五年使用。每一天，日誌主人可以在日誌裡提供的空格簡短寫下幾行字，過了一年之後，就會發生神奇的事：日誌主人會重新翻開前一年書寫過的頁面，因此在寫下當下這一天的內容之後，即可回顧自己在前一年同一天所寫的內容。

我會為每一名雇用我擔任教練的客戶提供一本五年日誌，因為我發現這是促成發現與成長的絕佳工具。除了透過每晚寫日誌而激發自我省思之外，重讀以前寫下的內容更能夠強化你對過往事件的記憶，而有助於你發現自己的職業與私人生活當中的模式。

我藉著撰寫五年日誌學到許多教訓，以下是我覺得最重要的其中幾項：

- 第一課：社群體驗通常比我預期的還要愉快。

- 第二課：生產力最高的日子，都是沒有電子郵件的日子。
- 第三課：我通常會忘記負面互動，也不善於記仇。
- 第四課：我只要沒有從事心肺訓練，當天晚上睡眠品質就會不好。
- 第五課：一項計畫帶來的挑戰越多，成功之後帶來的收穫也越大。

前述的最後一課值得進一步探討。我們經常忘了自己在過去的成功當中投入多少努力，因此，在新挑戰出現時，我們總會高估其困難度，並且低估自己克服障礙的能力。五年日誌可以在每天晚上提醒我們過去戰勝過哪些阻礙，有過哪些過度膨脹的恐懼，又達成過哪些有意義的成就。

此外，五年日誌也爲我們犯過的錯誤留下紀錄，而這點也同樣有用，因爲這樣可以避免我們不必要地重複相同的錯誤。大約一年前，我考慮雇用一名曾經和我共事過的顧問，儘管我們當時共事的結果不盡理想。就在我即將把新計畫交給他時，我看到自己在兩年前寫下的一段紀錄，內容的意思差不多是說：「〇〇〇不可信任。」在那之後，我們就再也沒有共事過。要是沒有這段紀錄，我很可能會重蹈可以輕易避免的錯誤——爲什麼呢？因爲我在前面提到的第三課。

研究人員告訴我們，記憶其實不像我們以爲的那樣有如照片一般，能夠對事件留下精確而持久的紀錄。相反的，記憶會隨著時間過去而衰退，還會受到各種認知偏見的影響，而且我們每次回憶一件事都會出現些微改變。不過，書面紀錄不會有這些缺陷，所以在向過去學習並且改進我們對未來的預測這方面，日誌也是一項優越的工具。

另一方面，藉著把我們關注的時間範圍從當下擴大到遙遠的過往，五年日誌可以促成更明智也更周密的決策。獲取智慧的必要關鍵之一，就是能夠拉大視野，思考某項選擇造成的長期影響，而不只聚焦於短期內的立即收穫。我們越是省思自己過往的經驗，就越能在當下做出明智的決定。

別忘了，不是所有日誌都必須記錄日常生活。你可以聚焦於你想要精通的單獨一項技能，例如寫作、規劃新構想，或者向潛在客戶提案。歸根究柢，五年日誌的價值在於能讓反思實踐自動發生，促使我們萃取自己過去學到的教訓，並且回想起值得在未來進一步發展的策略。

多想少做

在二〇一六年里約奧運開幕的幾個星期前，游泳健將「飛魚」麥可．費爾普斯（Michael Phelps）每天做的最後一件事情是游泳。

這樣的精準規律儀式，通常只見於宗教禮儀規範當中。費爾普斯首先一語不發地踏上出發臺。他的身體前傾，雙臂伸展於背後，右手抓著左手，然後迅速放開，以大動作搖晃手臂，有如一隻即將起飛的老鷹。

他的跳水極具爆發力，速度極快，濺起的水花極小。他在水中迅速前進，雙腿規律擺動，推著他不斷往前。他游了泳池長度的一半才冒出水面換氣，同時注意到出現在泳鏡上的蒸氣。不過，他過人的臂展在這時接下推進工作，促使身體衝向邊牆，然後一個熟練的翻身，再繼續向前推進，臀部拱起，划水動作完美無瑕。

等到費爾普斯游完最後一圈，把頭轉向計分板之時，只見泳池裡到處噴濺著水花。他的對手太慢了，金牌已歸他所有。他高舉雙臂，聽到觀眾高聲齊呼：「美國萬歲！美國萬歲！」

他的媽媽面帶微笑，他興高采烈地深吸一口氣。

然後，他就睡著了。

當然，費爾普斯根本不在游池裡。他其實舒服地躺在床上，從事著每晚的意象練習。這是他自從十二歲以來就養成的習慣，早在他贏得那二十八面奧運獎牌之前。

林賽・沃恩（Lindsey Vonn）也是在比賽前仰賴心理演練以獲取優勢的奧運獎牌得主。沃恩不只具體想像自己在障礙滑雪道上飛速下坡，還同時強迫自己的肺部吸進空氣再推擠而出，模擬高速滑雪那種令人害怕的危險狀況。

巴西足球傳奇球星比利則是在休息室裡從事意象練習。在重大比賽之前，比利會拿兩條毛巾，然後躺在一張板凳上，把第一條毛巾墊在頭下，第二條毛巾蓋在眼睛上。接著，他會具體想像自己在兒時踢足球的景象，重拾當初剛發現自己有多熱愛這項運動時感到的喜悅。接下來，他會回想自己在球場上的許多傑出表現，尤其是那些扭轉局勢或者帶領球隊拿下勝利的表現。這樣的想像能夠引發他的自信，提醒自己以前曾經成功過，也能夠再度達到這樣的成果。最後，他會把自己的注意力轉向當下的任務，聚焦於對手，複習自己的策略，並且想像自己如何完美地執行。

一個世代之後，曼聯前鋒韋恩．魯尼（Wayne Rooney）因爲自己的某個怪異習慣廣爲人知，而被迫承認自己也採取類似做法。在每一場比賽的前幾天，魯尼都會纏著教練詢問球隊在比賽當天會穿上什麼顏色的球衣、襪子和球鞋。後來被人問到他爲什麼對出賽服裝如此執迷，魯尼只好全盤托出：「我在比賽前一晚會躺在床上，具體想像自己得分的畫面……」對他而言，知道服裝的細節可讓腦中的意象感覺更眞實。細節越是詳細，這種練習的效果越好。「這樣是設法讓自己置身於那個時刻，在比賽之前就讓自己先有記憶。」

許多名人堂等級的運動員都把自己的成就歸功於這種心理意象的做法。高爾夫球手傑克・尼克勞斯（Jack Nicklaus）刻意讓自己養成習慣，在每次擊球之前，還沒舉起球桿就先具體想像球的飛行曲線、彈跳以及滾動，即使在練習當中也會這麼做。

頂尖曲棍球員韋恩・格雷茨基（Wayne Gretzky）利用自己的意象慣例練習，把注意力集中於守門員背後的球門空檔，想像那些部分妝點著紅色小燈與彩帶。重量級拳王泰森則是想像自己以極爲強大的破壞力出拳，並一拳打中對手的頭。

爲什麼有那麼多運動員都如此著迷於意象？簡單說，就是這種做法有用。而且，其用處也不僅限於運動。

研究顯示，心理演練在許多不同領域都極有價值，甚至還可拯救性命。研究指出，在踏進開刀房之前會先心理演練手術過程的外科醫師，在手術期間比較不容易犯錯，壓力也比較小。演奏家如果在觸碰鋼琴之前先在腦子裡演練曲子，學習這首曲子的速度也會比較快。公開演說家如果在上臺之前就先具體想像自己的表現，不但能減輕焦慮、表現得不那麼僵硬，而且演說也會比較引人入勝。

截至目前爲止，我們在本章檢視過往經驗遭到忽略的價值，也探索頂尖人物利用反思實踐強化自身知識的幾種方法。這是練習的第一個層面：挖掘過去。

在下一節裡，將檢視另一件有助於發展出專精技能卻沒受到充分運用的工具：在未來練習。

「具體想像成功」也有缺點

在比安卡．安德里絲庫（Bianca Andreescu）震驚小威廉絲而贏下美國網球公開賽的四年前，十五歲的她在二〇一六年爲自己開立了一張三百五十萬美元的支票。她無意兌現這張支票。這個數字是她若能贏得當年最後一場大滿貫賽事，所能夠得到的獎金數字，所以這張支票只是個道具，用於激勵自己以及幫助她具體想像成功。

「我相信我們能夠以自己的心智創造眞實。」安德里絲庫在贏得那場歷史性勝利之後的星期一，在《早安美國》（*Good Morning America*）節目上這麼說。她不是唯一懷有這種信念的人。關於這一點若有任何可挑剔之處，大概只能說她的野心不夠大。

一九九〇年代初期，金．凱瑞還是個沒沒無名、載浮載沉的演員，當時他爲自己開了一張一千萬美元的支票，日期押在三年後，並且加注一段字：「提供演戲服務。」他把這張支票放在皮夾裡，隨時帶在身上，和安德里絲庫一樣深信具體想像成功有助於形塑自己的現實。就在這張支票即將到期之前，他在《歐普拉秀》上揭露自己獲邀演出《阿呆與阿瓜》，結果這部電影的票房把他的想像變成了眞實。

安德里絲庫與凱瑞的故事都相當吸引人，但絕對算不上是證據。雖有極少數網球冠軍和好萊塢超級巨星的成功夢想獲得實現，卻有遠遠更多同樣心懷盼望的人，其想像卻從來不曾實現。這些人的故事都沒受到眾人矚目，原因是失敗的運動員和過氣的表演者極少出現在知名談話節目上。

《阿呆與阿瓜》上映後不久，就在金．凱瑞逐漸成爲家喻戶曉的人物之時，加州大學洛杉磯分校的研究人員有項實驗，目的是量化具體想像成功這種做法的價値。這項研究的受試者，只有一門心理學入門課程裡爲數一百名左右的大學新鮮人。

在期中考的一個星期前，實驗人員把這群學生分成三組，第一組受到指示要具體想像自己在期中考取得高分。第二組也採取具體想像的做法，但帶有一關鍵差異：他們想像的不是成功的結果，而是用功讀書的過程，包括自己會在什麼時候、什麼地方、以什麼方式爲考試做準備。第三組則只是單純記錄自己在接下來的這個星期裡花了多少時間看書。

現在，你大概可以猜得到這項實驗的結果。哪一組學生在期中考的表現最好？當然是具體想像用功讀書的那一組。具體想像用功讀書的過程而非考高分的好結果，促使他們投注更多時間讀書，焦慮感也下降，結果得到的成績也比較好。

不過，研究人員的發現不是只有這樣。他們還發現，相較於控制組（也就是沒有從事具體想像，而只是在那一週裡單純記錄自己讀書時間的學生），跟隨安德里絲庫與金．凱瑞的做法具體想像成功的那一組學生，表現反倒比較差。他們的考試成績，是三組學生當中最低的。

具體想像正面結果爲什麼會導致比較差的成績？這是因爲想像自己達成渴望的結果產生的情緒快感，會導致我們難以耐下心來從事追求成功所需的工作。我們短暫獲得了滿足，儘管在邏輯上明知這樣的體驗完全只是幻想。然而，心理模擬一旦聚焦於過程上，就不是這麼一回事了。在心中演練自己追求成功所需採取的特定行動，能夠可靠提升個人表現。

「具體想像過程」讓你表現更好的五種方法

想像你在明天早上必須寫一份十頁的提案。爲了準備，你像「飛魚」費爾普斯一樣躺在床上，閉上眼睛，具體想像第二天的情形。

從事這項練習有什麼實際效益？

第一，在心裡模擬工作可以幫助你**辨識障礙**，而且是在你實際上遇到那些障礙之前。舉例而言，你可能會想到自己必須參考幾本書，而那幾本書正放在你的床頭櫃上；或者想到你的辦公室在明天早上要鋪地毯；或是你其實不太確定自己提案當中的某個部分要怎麼接續到另一部分。

這項練習爲你帶來的相關優勢之一，就是提供**情緒預告**，讓你預先思考自己開始撰寫之後可能會經歷的感受。必須在短時間內寫出長篇文件的壓力也許讓你覺得難以承受。這是極有用的資訊，知道你可能會有什麼樣的反應，能夠讓你在開始之前就先準備建設性的因應方式。

現在，你既然已對這些挑戰有所警覺，就可以在實際坐下來從事那件工作之前**預先做出決定**。舉例而言，你也許會選擇第二天在家工作，以便避開辦公室的騷亂。你也許打算下載幾份以前的提案，藉此提醒自己以前怎麼寫出類似的簡報。爲了避免對工作產生無法招架的感覺，你也許會決定開啓電子郵件自動回覆，好讓自己不受打擾，並且隨時在需要時出外散散步，以減輕壓力。

具體想像自己坐在桌前，集中注意力寫下草稿的各項要點，很可能會縮減你的焦慮，並且**提升自信**。這樣的心理模擬不只有助於你預先規劃完善的行動方案，也有助於預測未來的成功。

接下來，把這樣的經驗拿來和另一名同事比較。這同事沒有從事意象練習，而是在早上抵達辦公室以後才開始思考提案。你雖然一個字都還沒寫下來，卻遠比同事更有可能在第二天成功交出提案。

對於像費爾普斯這樣的運動員以及爲了體能活動預做準備的人士而言，意象帶來的效益更多。研究顯示，我們一旦想像自己從事一項活動，就會**啓動和實際上從事那項行為相同的神經通道**。換句話說，費爾普斯閉上眼睛想像自己跳進泳池裡，運動皮質區其實就有一部分會啓動，彷彿他眞的從出發臺一躍而下，潛入清澈的池水中。

隨著時間過去，那些心理活化會累積起來，讓處理速度加快，以及促成更深層的心理聯想。而且，受益的不只是費爾普斯的大腦。意象也被證實會涉及運動員的肌肉以及心血管和呼吸系統，而不至於像額外的實體練習那樣可能造成身體的過度負擔，導致過度疲勞的風險。實際上研究亦發現，相較於單純仰賴實體練習的運動員，採取意象做法的運動員可以把練習量**減半**，而完全不會對表現造成負面影響。

如何採用心理意象練習

假設你信服了意象的價值，那麼你要怎麼有效採取這種做法？有幾個經驗法則值得一提。

首先，研究人員使用「意象」（imagery）這個詞（而不是「具體想像」〔visualization〕），是有原因的。涉入其中的感官越多，模擬的效果就可能越高。你如果要爲一場重要演說做準備，就想像聽眾在你開始前的交談聲、簡報遙控器拿在手裡的感覺，還有講臺燈光照在額頭上的溫熱感受。比起單純具體想像自己發表演說，這些細節能夠更有效地讓你置身於那個時刻當中。

第二個經驗法則是，你可以藉著切換第一與第三人稱觀點，把你的意象變得更加生動。採用內部的第一人稱觀點（例如：想像自己看著聽眾）會引起比較本能的反應，這種做法在你想要獲得情緒預告的情況下極有價值。不過，這樣的體驗有時候可能會讓人覺得難以招架，或者因爲你已經做過多次，而不再能夠激起反應。在這種時候，就可以切換到外部的第三人稱觀點（例如：想像自己坐在觀眾席裡聽著簡報）。這麼做能夠降低情緒強度，也能夠幫助你想像聽眾對於你表現當中的特定元素可能會有什麼反應，並讓你看見自己獲得成功。

另一個有用的訣竅，則是偶爾想像自己表現不順或者遭遇意料之外的障礙。關鍵在於繼續前進，並且思考自己究竟可以怎麼因應暫時的挫折，然後迅速恢復，正常行事。這項做法不只會幫助你預期可能的挑戰，也會提升自信，讓你相信自己不論遭遇什麼狀況都能安然度過。

傳奇網球選手比莉·珍·金恩（Billie Jean King）在贏下三十九座大滿貫冠軍的過程中，就是以這種方式運用意象練習。她在退休後接受全國公共廣播電臺節目《新鮮空氣》（*Fresh Air*）訪談，揭露自己在美網公開賽前，會先想像所有可能的不利情境，以及自己會怎麼因應：「我總是會想到球場上的風，還有陽光。我會想到線審誤判，也會想到我們會不會因為下雨而必須等待，還有那些可能不在我控制之內的事情，以及我會怎麼因應這些狀況。」

金恩做的準備不僅限於自己打球的表現，她也想像自己在每一分之間的舉止。「我會想著自己希望表現出什麼樣的姿態，就像表演課程教的那樣。在運動場上也是如此。你站著的時候有沒有挺直身體？你的肢體語言有沒有表現出自信？因為你在球場上有百分之七十五的時間都不是在擊球。我認為冠軍選手的過人之處就在這裡。所以，我會具體想像所有不同的可能。」

值得提出的最後一點：有效的意象不需要花費大量時間。研究顯示，最佳的時間長度不超過二十分鐘，有些研究甚至顯示，只要三分鐘的專注模擬即可帶來效益。鑑於心理演練帶有的巨大彈性，而且不需任何配備即可在任何時間與地點隨時練習，實在很難理解意象在運動領域之外為什麼還沒得到應有的重視。

在什麼狀況下「不該」練習

每個球季，在四月到九月之間，亞倫・布恩（Aaron Boone）與紐約洋基隊的訓練人員都會犯下一百六十二次訓練失職行爲。

他們犯下的這種錯誤總是規律呈現在球迷面前，在每場比賽開始的三個小時前。如果現在是下午四點，而洋基體育場已在今天排定舉行棒球賽，那麼布恩教練和他的手下大概就正在舉行打擊練習——職業棒球隊向來都以這種方式做爲迎賽的準備，這項傳統可以追溯到十九世紀。

但是卻有個問題：打擊練習完全不符合頂尖表現的科學，不只無效，甚至還會降低打擊手的表現。

要理解賽前的打擊練習爲什麼適得其反，我們應該先想想，當初爲什麼有人想要從事這樣的練習。練習爲什麼有用？一個明白可見的答案是，這是精進表現的方法。另一個答案，則認爲這是習得新技能的工具。

然而，打擊練習卻在這兩方面都沒有效果。

你觀看棒球賽要是提早到場過，或是在電視上看過全壘打大賽，就會對這樣的場景感到很熟悉：球員依序踏上打擊區，用盡全力擊球，就像正式比賽一樣。只不過，投球的不是職業投手，而是教練。教練站在一面L形的保護網後方，拋球的速度遠遠慢於投手在實際比賽裡投球的速度。更糟的是，職業投手投出的球就是因爲捉摸不定的旋轉方式才會那麼難以擊中，但教練拋球不但不會設法複製，也不會改變球種。打擊手只是一次又一次對著不花心思而直直丟來的球大力揮擊，球迷則是目瞪口呆看著一顆顆球飛到上層看臺。

打擊手要想在實際比賽中遇到輕輕拋來的球，就像被熱狗砸到臉一樣不可能發生，但這點卻絲毫沒有教練認眞考慮過。每支球隊都會做賽前打擊練習，不只是洋基隊。然而，在難度下降的情況下練習，反而會造成嚴重後果，導致練習適得其反。

任何一名棒球員都會告訴你，想要打擊成功，就必須擁有傑出的時機掌握能力。要打到球，必須能預期投手投出的那顆時速將近一百五十公里的球會在什麼時候進入打擊範圍，而且會在什麼位置。面對速度緩慢的投球，會導致這樣的計算能力失準。

此外，棒球打擊手也必須藉著解讀投手的肢體語言迅速判別球種。打擊練習對此毫無幫助，因爲教練在練習中拋出的球毫無變化，只是以呆板得令人麻木的方式把球丟向打擊手。

最後，打擊練習誘使球員揮棒擊球的角度，對於實際比賽乃是有害無益，因爲他們在比賽中極少有可能會遇到直線飛來而且不旋轉的球。

至此爲止，我們在本章檢視了練習當中兩個沒有受到應有重視的關鍵：解析過去的「反思實踐」，還有模擬未來的「意象」。至於練習的第三個層面——在當下練習——則是最顯而易見卻也最容易搞錯的部分。

俄國出生的鋼琴家霍洛維茲（Vladimir Horowitz）曾說：「平凡與非凡的差別就在於練習。」這是相當誘人的概念。可嘆的是，要是眞有那麼簡單就好了。

大腦為什麼會阻礙你學習，以及該怎麼解決這個問題

如同棒球那種錯誤的打擊練習慣例所顯示，不是所有練習都有效；相反的，在許多情況下，練習可能會破壞你努力想精進的技能。而且，這種情形不僅限於先前提到的這種明顯可見的錯誤，也就是在難度降低的情況下練習。就算你在完全反映了眞實狀況的情境下演練，你的學習進展也還是經常陷入停滯。

部分原因是大腦對我們造成了阻礙。

大量訓練的效益之一，就是特定行爲會隨著時間累積而變得極爲迅速且自然而然。我們不再需要像剛起步時那樣深入思索下一步要怎麼做。一個典型的例子是閱讀，另一個則是開車。我第一次開車時，雙手死命緊抓方向盤，以致事後手指痠痛了幾個小時；超過二十年後，我開車時的注意力比較是放在挑選自己想聽的Podcast節目，而不是放在汽車方向盤上。

心理學家把這種現象稱爲**自動化**，意思是說我們只需投注極少注意力，即可實踐複

雜的技能。這是專精帶來的成果。

一般來說，自動化是一種天賜的贈禮。這種能力可讓我們外包一天當中的許多重要慣例，諸如刷牙、穿衣，以及做早餐。在注意力得以適度解放的情況下，我們即可聚焦於比較具有挑戰性的任務，例如省思自己剛剛看完的一篇文章帶有的含意，或是盤算該怎麼處理棘手的工作。

自動化的運作方式，是把意識轉變爲無意識。神經學家可以利用磁振造影掃描追蹤這種現象在腦中的進展。首先，複雜行爲需要大腦前方稱爲大腦皮質的高度演化區域投以注意力；不過，隨著我們對於特定行爲越來越熟悉，這些行爲就會改由比較低等的皮質下區域操控，包括基底核與小腦。專精技能可以解放比較精密複雜的大腦皮質，讓我們不必對自己的行爲投注那麼多的注意力，而能夠任由心思到處遊蕩。

你也許會認爲自動化只有好處。畢竟，能夠不費力地做出需要的行爲，同時又想著其他事，怎麼可能會有壞處呢？不過，自動化卻可能導致你更難進步。我們對自己的行爲投注的注意力越少，就會越難提升表現或習得新技能。

這正是矛盾所在。經驗會帶來自動化，自動化卻會抑制學習。既然如此，你要怎麼在自己的表現已經達一定水準的工作上取得進步？

這個問題的答案，可見於已故認知心理學家安德斯・艾瑞克森（K. Anders

Ericsson）的研究當中。艾瑞克森是傑出的研究者，最知名的成就莫過於一九九三年一項針對小提琴家進行的研究，後來成了「一萬小時法則」的基礎：這廣受喜愛的概念，認爲精通某項技能需要長時間從事注意力集中且有大量回饋的練習。*

艾瑞克森汲取數十年來針對頂尖人士進行的研究，而歸納出練習當中最有助於技能建構與專精的確切特徵。

艾瑞克森發現，最有效的練習是**因應可見的弱點**，或是你在某項活動中覺得最難執行的部分。另一個關鍵是**拆解複雜的任務**，把不同面向分開，一次只聚焦於一個面向。理想上，**回饋是立即的**，可以促使你漸進式地調整，然後再嘗試一次，從而確保你投注於練習的時間能夠逐步產生進步與成長。

然而，這樣的理想和大多數人練習的方式相去甚遠——前提是他們如果有練習的話。

只要到高爾夫球練習場，就會看到許多高爾夫球愛好者一桿接著一桿擊出球座上的小白球。擊出發球相當有趣，具有宣洩效果，但對於球技大體上沒有助益。你極少會在練習場內看到有人把球打出沙坑、練習上坡推桿，或者測試自己判別高難度果嶺輪廓的能力——儘管精通這些技巧才能眞正提升球技，提高成績。

改善弱點是不愉快、充滿壓力，而且相當困難的事。不過，這樣的過程卻能夠對技能發展造成關鍵效果：打破自動化的詛咒。

藉著面對自己的缺陷並以正面態度處理，我們不禁會注意到這兩者之間的連結：一邊是自己的行爲，另一邊則是那些行爲產生的令人失望的結果。我們因此感到的不自在，會驅使自己尋求新奇的解方以及實驗不同的路徑，從而比較有可能達到表現上的突破。

專家達到精湛的技能，憑藉的不是單純的重複練習。他們靠的是瞄準弱點、追求挑戰性目標，以及不斷推展能力的極限。唯有如此，才能夠在你已經表現得頗有水準的工作上進一步改善，避開自動化的陷阱。

專家還知道另一件事：比賽情境一旦讓你覺得習以爲常，重現比賽情境就已不再足夠。要把經驗豐富的心智喚醒，唯一的方法通常是迫使它從事感覺起來全然新穎的活動。

---

*「一萬小時法則」雖然廣受喜愛，艾瑞克森卻不認為練習時間超過一萬個小時有什麼特別重要之處。他認為遠遠更加重要的是練習的品質。

保持練習的新鮮度、充實感與建設性

丹恩．奈茨（Dan Knights）第一次跳出一架飛行在高空的飛機之時，他盼望達成的不只是安全落地。

奈茨是「魔方快手」：魔術方塊愛好者只要被冠上這個頭銜，就表示能在短得驚人的時間內破解這種經典益智玩具。不過，他可不只是隨便一個魔方快手，而是世界冠軍。

奈茨在二〇〇三年獲得《金氏世界紀錄大全》登錄，原因是他以沒人想像得到的速度破解魔術方塊：僅僅花了二十秒。他是怎麼達到這個里程碑的？藉著採取一套嚴苛的練習方法，包括在高速行駛的車上探身窗外進行「速解魔方」，以及蒙上眼睛破解魔方。等到這些條件對他而言已經不再具有足夠的挑戰性之後，他更是轉而從事高空跳傘，在自由落體的情況下破解魔方，等到完成才拉開降落傘。

這時你也許會納悶：這些做法對於破解魔方的技術爲什麼有幫助？

奈茨的極端練習方式正是研究人員稱爲「壓力適應訓練」的做法。這種做法是在極端條件下練習，藉此讓自己承受比在眞實情境中更多的焦慮。在充滿壓力的情境下練習，可以提供寶貴的經驗，包括駕馭恐懼、把引人分心的意外事物摒除在外，以及在充滿壓迫的環境下施展技能。

在我們已經熟悉某項技能之後，提高壓力能確保練習仍可以刺激學習。跳出飛機在高空中練習的做法雖然有點過頭，但背後的原則卻值得認眞看待：提高難度是有效練習不可或缺的條件。

所幸，有許多方法可以提高練習難度而不至於必須賭上性命。有個簡單的做法就是尋求新奇的元素。你如果想培養新技能，一定要避免犯下一種錯誤，就是長期反覆採用同一套練習法。可預測性會令人厭煩，而厭煩正是專注、記憶與學習的大敵。

另一方面，新奇性則自然而然會引起我們注意。人類大腦先天上就受到周遭環境裡的新事物吸引，這是我們從人類祖先身上承繼而來的本能，因爲對於我們的祖先而言，注意環境中的變化可是生死攸關。你可以善用新奇的吸引力，在練習當中一再添加變化，例如變更你從事的練習活動、變換練習地點，或是邀請不同對象陪你一起練習。

即使是打亂練習活動的次序，也有助於維繫練習體驗的新鮮感，而出乎意料的是，這種做法具有促進學習速度的效果。我們通常認定要精通一項技能，就必須反覆不斷練習同樣的行爲，每次做出些微的調整，直到完美爲止。不過，研究顯示的結果並不是如此。實際上，我們一旦避免無窮無盡的重複，而是在不同任務之間轉換，學習效果反而更好。

這項出乎意料的洞見最早是由若干研究發掘出來的，其中一項研究比較了籃球射手經過三天練習之後的表現。第一組在三天當中連續從事相同的練習，也就是站在離籃框大約三．五公尺處投籃。第二組從事幾種不同的投籃練習，除了站在大約三．五公尺遠投籃之外，也在距離籃框二．五公尺與四．五公尺處投籃。那一週結束後，實驗人員邀請兩組受試者到體育館，然後記錄哪一組的三．五公尺處投籃比較能穩定投進。結果兩組的差距非常大。從事多種不同投籃練習的那一組，命中率高出將近百分之四十！

這項發現乍看之下似乎很難解釋。畢竟，從事混合練習的那一組有三分之二的練習內容根本不在測試範圍內，所以他們怎麼會表現得比較好？這是因爲在不同的任務之間切換，會迫使我們每一次都必須思考適當的回應，而不是不假思索地重複相同行爲。這麼做也會教導我們注意自己的執行當中有哪些細微差異，從而促成更深入的理解。

最有效的練習法會避免長時間重複，就算這樣會減少目標技能的練習時間也沒關係。因爲善用新奇性的力量，會藉著把幾種不同任務混合在一起而製造出變化，因此造成更敏銳的學習，以及更優秀的表現。

確保練習不會失去挑戰性的第二種方法，是添加新難題。

協助紐約尼克隊贏得兩座ＮＢＡ冠軍並且擔任過三屆參議員的比爾．布拉德利（Bill Bradley），在高中時身材瘦長，一心想提升自己的籃球球技。不過，他有兩項無法忽視的弱點：速度緩慢，以及運球不穩。

一般胸懷抱負的青少年也許會決心每週訓練幾次跑步，可能也在練球之前多花十分鐘運球。但布拉德利沒有這麼做。他直覺認知到這兩種做法對他而言都不足夠。他採取的方法是：在球鞋裡塞進將近五公斤重的重物，在學校的體育館內排列椅子，並且把厚紙板剪成長方形，貼在眼鏡下半部，讓自己看不到球。布拉德利一週七天的練習，就是在球場上快速前進，閃避障礙物，雙腿承擔了額外的重量，同時雙眼向前望著想像中的防守者，而不瞥看地板。

和當今運動界的超級巨星採取的那種有如馬戲團般的高超鍛鍊比較起來，布拉德利的障礙訓練場看起來實在有如兒戲。史蒂芬．柯瑞（Stephen Curry）的練習內容包括一面在球場上運球來回奔跑，一面還要設法接住別人拋來的網球；此外，還有從休息室走道投籃，以及戴上虛擬實境眼鏡，眼鏡上不斷發出干擾性閃光，令他難以看見球場，只能以不完整的資訊做出判斷。

前奧運選手「飛魚」費爾普斯的練習法不只尋求新挑戰，還刻意挑選有如噩夢的情境，不論那些情境看起來有多不可能發生。在二〇〇八年北京奧運上，費爾普斯在兩百公尺蝶式比賽開始之後跳進泳池，睜開眼睛卻發現水灌進泳鏡裡。他雖然驚慌，卻還是繼續往前游，差點因爲眼睛看不清楚而撞上邊牆。在還剩下兩圈的情況下，泳鏡裡已完全灌滿水，費爾普斯什麼都看不見了。

不可思議的是，費爾普斯其實爲這種情境做過準備。他的教練堅持他一定要有一部分練習是在黑暗中游泳。在一片漆黑的泳池裡游泳的經驗，讓費爾普斯發現：在無法倚靠視覺的情況下，他也可以藉著數自己的划水次數而確認所在位置。結果，費爾普斯不但藉著數算划水次數完成那場比賽，還因此加快自己的速度，創下新的世界紀錄。

確保練習能夠持續帶來學習的最後一項做法，也是遠遠最令人意外的一項：徹底揚棄你的標準練習內容，而把注意力轉向全新的任務。

海斯曼獎（Heisman Trophy）得主赫歇爾・沃克（Herschel Walker）在一九八六年加入達拉斯牛仔隊，當時球迷都預期他會在球場上做出許多特技般的跳躍，以及令人難以捉摸的旋轉舉動。但他們完全沒意料到的是，竟然也可以在休賽季看到沃克與沃斯堡芭蕾舞團一同演出，而做出許多這些相同的動作。

沃克不是唯一一名學習舞蹈的美式足球員，甚至也不是第一個和職業芭蕾舞團一起上臺演出的美國國家美式足球聯盟球員。美式足球員都知道，芭蕾舞是種極爲艱難的運動，需要敏捷、平衡與專注，而這全是對於在球場上獲得成功極有幫助的技能。

對於像沃克這樣的美式足球員而言，芭蕾舞是交叉訓練的例子：所謂的交叉訓練，就是在另一個領域裡精通相關的活動。交叉訓練能夠帶來許多效益，包括保持球員的健康體魄、讓他們習得可以轉移到球場上的技巧，以及強化缺少使用的肌肉群。交叉訓練也爲運動員提供一年四季都可以從事的活動，同時降低厭煩或過度疲勞的風險。

這不表示所有美式足球員在休賽季都會偷偷脫下球衣而換上緊身衣。有些人從事拳擊，藉此強化平衡、速度與耐力；另外有些人偏好柔道與空手道訓練，藉此培養更快的動作、更好的手部擲球技術，以及更高度的專注力；許多球員則是藉著玩《勁爆美式足球》（*Madden NFL*）系列電玩保持頭腦敏銳，因爲這樣能夠讓他們在身體休息的情況下培養模式辨識技巧。

只要選擇了正確的活動，交叉訓練對於任何領域的人士都可能會有幫助。村上春樹沒有在寫小說時，會練習跑步與游泳，因爲這兩種活動都能夠增進耐力，而他認爲這種技能對於創作長篇文學作品是不可或缺的條件。強・史都華（Jon Stewart）在擔任《每日秀》主持人期間，在工作以外都會撥時間從事某項嗜好：解縱橫字謎。這能增進口語技能以及強化晦澀不明的聯想——這兩者都是寫出笑話的必要元素。

過去十年來，報名即興演出課程的企業領袖人數大幅增加，但不是因爲他們突然喜歡上喜劇小品，而是因爲他們越來越理解到，身爲傑出領袖所需的深度傾聽與覺察當下等技能，在舞臺上培養的效果遠勝於在職場的會議室裡。

對於忙碌的職業人士而言，在早已爆滿的行程中添加交叉訓練可能令人感到難以因應。這就是爲什麼不應該把交叉訓練視爲又一項必須設法塞進每日行程裡的要求，而是該把這種做法的概念應用在挑選你的嗜好上。藉著辨識出我們在自己的表現中希望改進的元素，並且思考另外有哪些（有趣的）活動需要用上類似技能，就可以針對工作以外有哪些活動值得精通做出更具策略性的決定。

如果是害怕面對群眾的推銷員，也許可以在工作以外唱卡拉ＯＫ；如果是作家想要增進自己對於細節的注意力，也許可以嘗試畫插畫；如果是外科醫師想精進自己的精細動作技能，也許可以玩電動玩具。

歸根究柢，交叉訓練之所以這麼有價值，就是因爲這種做法提供了獲得新奇性、挑戰與成長的機會，而我們先前已經看過，這些條件不但是學習不可或缺的元素，而且隨著你的技能逐漸發展，也會越來越難以獲得。

然而，一旦檢視各個領域當中的頂尖人物——例如球王比利、「飛魚」麥可·費爾普斯，以及比莉·珍·金恩——就會發現特別醒目的共通點：他們全都孜孜不倦地追求逆境，不論在過去、當下還是未來都是如此。

這是因爲他們知道，沒有困難就不可能會有進步，而且獲取精湛的技能不是終點，而是一種生活之道。

CH 7 如何取得有用的建議與回饋

二〇〇一年秋末，好萊塢最熱門的活動不是光鮮亮麗的電影首映會，也不是獨家頒獎典禮，而是一場爲期十天的私人演戲研討會，主持人是獲得《時代》雜誌選爲世紀演員的馬龍．白蘭度。

出席人員包括許多大牌明星：李奧納多．狄卡皮歐、西恩．潘、琥碧．戈柏、羅賓．威廉斯。每隔幾分鐘，就有一輛豪華轎車開到門口停下來，接著又是一位名人走進會場。

他們參加這場活動，是爲了向傳奇人物學習。馬龍．白蘭度是他那個世代數一數二傑出的演員，是無人不曉的電影教父，也是推廣方法派演技的先鋒。而現在，他正準備揭露自身技藝的祕訣。演員愛德華．詹姆斯．歐蒙（Edward James Olmos）回憶自己收到邀請時的興奮之情，以及活動開始前瀰漫全場的高度期待。「白蘭度從來不曾開過課，」他後來向媒體表示，「……這將會是他留給演員圈的遺澤。」

白蘭度還雇用攝影團隊拍攝整場活動，打算把影片剪輯之後賣給電影學校與演員學程。他甚至找來導演負責督導影片的製作。

時間一到，白蘭度做了個手勢。攝影機開始拍攝，課程正式開始。

接下來發生的事，令當時在場所有人永遠無法忘懷。

《好萊塢報導》這麼描述那場活動：

> 門一打開，七十八歲的白蘭度就走了出來。只見他戴著金色假髮，塗了藍色睫毛膏，身穿黑色長袍，圍著橘色圍巾，還套上馬甲，裡面塞了巨大的胸墊。他一手揮舞著一株玫瑰，扭腰擺臀地穿越那座倉庫，踏上臨時搭建的舞臺，以他一百三十公斤重的身軀一屁股坐在有如王位的座椅上，然後開始吹毛求疵地畫起口紅。
>
> 「我氣死了！氣死了！」白蘭度操著一口充滿威嚴的英國口音對著臺下觀眾說道，接著展開一段即興獨白，說了十分鐘後才結束。然後轉過身來，掀起長袍，對著觀眾露出屁股。

這才只是開場而已。在這場爲期十天的活動裡，白蘭度讓他的觀眾欣賞了由薩摩亞摔角選手與一群矮人即興演出的場景，還從街上邀請街友進場，試圖教導他基本的演戲技巧。此外，白蘭度也要求學員在同學面前脫下衣服。

最後，白蘭度的學員獲邀從事多項即興練習，再由他提出評語。他的意見回饋毫不留情。學員的表現如果令他不滿，他不會等到表演結束，而是會直接衝上臺，吼出他內心的失望，大喊著：「都是騙人的！騙人的！」

一開始，有許多觀眾還以爲白蘭度對這場活動內容是經過深思熟慮的安排，而且他的瘋狂是有方法的。愛德華．詹姆斯．歐蒙爲白蘭度異於傳統的出場方式提出這樣的解釋：「他是在強調演戲的基本要求，就是你必須願意露出自己的屁股，在別人面前失敗。你如果不願意這麼做，乾脆滾出去。」

這一切也許是眞的，但白蘭度的學員還是不禁越來越感到幻滅。在活動第三天，有幾名學員退席抗議，宣稱這場研討會有如「猴戲」。隨著課程繼續進行，出席人數持續減少，就連那名導演也決定退出。

白蘭度這場災難性的演員課程，就細節看來無疑相當古怪，但我們從中可以得到的教訓卻毫不獨特：專家極少是傑出的指導者。

我們經常認爲表現傑出的人士非常清楚自己是因爲什麼技能而與眾不同，並且有能力把這樣的知識傳授給別人。

然而，這兩項假設都不合乎眞實。如果眞是這樣，那麼體育界最有名的教練必然會是退休的超級巨星，例如籃球界的魔術強森和以賽亞．湯瑪斯（Isiah Thomas）。這兩位NBA冠軍球員都嘗試過擔任教練，結果卻令人失望。曲棍球界的韋恩．格雷茨基也在退休後轉任鳳凰城土狼隊總教練，結果四個球季都以失敗收場，最後乾脆徹底告別體壇，而開啓了遠比那成功許多的釀酒生涯。在棒球裡，上個世紀勝場數最多的教練並不是棒球界最優秀的打擊手泰．柯布（Ty Cobb），而是托尼．拉魯薩（Tony La Russa），他在年輕時只是平庸的流浪球員，生涯打擊率僅有〇．一九九，比聯盟平均整整低了五十個百分點。

這種情形也不只存在於體育界。在學術界裡，大學教授有兩項主要責任：生產高品質的研究以及教育學生。許多父母都合理認爲頂尖研究者（也就是藉著發表值得注意的論文而在名校贏得教職的學者）也會是最適合的老師，不過，實際上沒有證據支持這項結論。研究顯示，挑選老師如果以研究資歷爲準，就像是以醫生喜歡什麼口味的冰淇淋做爲挑選醫生的標準一樣毫無幫助。

發表於《教育研究評論》（*Review of Educational Research*）的一篇全面性分析，評估超過五十萬名教授的表現，方法是檢視他們在研究上的產出量以及造成的影響，還有學生對他們的評價。結論呢？教授的研究產出與教學表現之間的關係基本上是零。*

老實說，不必意外於專精某個領域和教學表現並不相關的事實，畢竟實作與解說是兩種不同技能。

我們許多人每天都會綁鞋帶，但儘管有如此豐富的經驗，要針對怎麼綁鞋帶寫下一份仔細解釋每個步驟的文字說明書，卻是極度困難。要寫出具有說服力的指南，必須具備寫作技能與豐富的詞彙量，還要懂得人怎麼學習複雜動作技能——每天早上綁鞋帶並不會讓你學到這些東西。

此外，重點也**不只**在於缺乏訓練。研究顯示，具備專精技能其實會阻礙我們解說的能力。事實證明，我們越善於執行某項任務，越是不擅長傳達自己是怎麼做到的。

而這點又帶來了明顯可見的問題：爲什麼？

---

*更令人擔憂的是，證據也顯示學生在兼職老師的課堂上得到的學習經驗，優於終身職教授所教導的課程（大多數的終身職教授都是因為研究表現傑出而取得這樣的殊榮身分）。

有時知識反而會讓你變笨

吉米・法隆顯得擔憂不已。

他雙手掩面，開始自言自語起來。「糟糕，糟糕，糟糕。」他把頭埋在沙發上，側著身體蜷縮成有如胎兒的模樣。

他的夥伴是神力女超人蓋兒・加朵（Gal Gadot），而她則一副泰然自若的模樣。「聽我說，不會有問題的。」她鼓勵他，在他身邊蹲下來，輕拍他的背。「我們一定會表現得很棒，我們一定會表現得很棒，你不要現在崩潰。」

當然，法隆是假裝的。他裝出一副因爲自己的隊伍恐怕難以贏得比手畫腳遊戲而焦慮不已的模樣。這場景齊備了《今夜秀》之所以迷人的所有元素：愚蠢的競賽、當紅的明星、法隆的搞笑表演。

遊戲開始後，法隆立刻認眞起來。加朵翻看答案卡，計時開始。

她的第一個動作是握起拳頭，放在嘴巴前方。

「是一首歌！」法隆喊道。

加朵點了點頭，應了聲「嗯」，儘管她其實不准說話。

她舉起三根手指。「三個字？」法隆說。又猜對了。

加朵的下一個動作就沒那麼容易解讀了。她把兩手放在骨盆邊，微微下蹲，然後雙臂往下伸展而向外滑開。

法隆明顯看起來不太自在。他拿起抱枕擱在懷裡，對著觀眾揚起眉毛，然後做出「哇」的嘴形。

加朵在觀眾的掌聲下又重複一次動作，但法隆仍舊一臉困惑。他望向身邊的每個人，包括他的製作人、現場觀眾，還有其他參賽者。最後，他試探性地猜了幾個答案：「『一個國家的誕生』？『寶貝有翹臀』？『搖落去』？」

鈴聲終於響起，加朵失望不已。「唉喲，我有比得那麼差嗎？」她垂頭喪氣地問道，「我還以為會幫你猜中呢。」

她最後終於揭露答案，是布魯斯·史普林斯汀的經典歌曲〈Born to Run〉。（譯注：這首歌的歌名由三個詞構成，而且第一個詞是「born」（出生），所以加朵才會做出那個動作。歌名的字面意思是「生來奔波」，但這首歌的同名專輯一般常見的譯名是《天生贏家》。）

「哦！〈Born to Run〉，當然是這首歌嘛！」法隆恍然大悟，接著又說：「我氣死了，妳比得很棒，是我的錯。」

當然，法隆這麼說是極為大氣的表現。他之所以猜不出加朵的動作代表的詞語，其實跟他們雙方的表現都沒關係。這種情形反映的現象稱為**知識的詛咒**，概括來說，就是：知道一件事，會讓人無法想像自己不知道這件事的狀況。

要理解加朵認爲直截了當而且明白可見的線索爲什麼令法隆完全摸不著頭腦，可以想想以下史丹福大學的實驗，其中涉及的簡單遊戲，和《今夜秀》節目裡的比手畫腳遊戲頗爲相似。

在這項實驗裡，八十名學生兩兩分成一組，而且兩個組員分別扮演不同角色：一人是「敲奏者」，另一人是「聆聽者」。敲奏者先瀏覽一份歌單，其中都是廣爲人知的歌曲（例如〈小星星〉〈平安夜〉〈全天樂搖擺〉〔Rock Around the Clock〕）。他們從中挑出自己熟悉的三首，然後用手在桌上敲出節奏給自己的夥伴聽。聆聽者則是觀看敲奏者的表演，然後猜出那首歌。

在遊戲開始前，研究人員問了敲奏者一個簡單問題：在即將敲奏的歌曲當中，他們認爲聆聽者會認得幾首？敲奏者都很樂觀，估計猜對率應有百分之五十。不過，實際上卻大爲不同。等到實驗結束，四十組學生都完成了遊戲之後，猜對率只有百分之二．五這麼低。

蓋兒．加朵和史丹福實驗裡的敲奏者都遠遠過度高估自己的線索帶有的價值，而知識的詛咒就告訴了我們爲什麼：知道答案會改變我們的思考方式，使得我們無法想像天眞無知者的觀點。

我們爲什麼這麼不善於模擬不知道的狀況？心理學家認爲這是因爲大腦在演化過程中追求的目標是吸收新知，而不是捨棄已經學到的東西。不管我們多努力或是有多強烈的動機要對別人感同身受，而試圖想像對方沒有我們的經驗會是什麼感覺，就是沒辦法忽略自己已經擁有的有用資訊。

這樣的情形也確實合理。在人類的演化歷史上，把有價值的情報保留在腦海裡，且一有機會就加以利用，是讓我們存續至今的關鍵行爲。

知識的詛咒在數千年前雖然可能發揮至關緊要的求生本能，在今天卻會爲我們帶來各種危害，而且不僅限於影響我們在無關緊要的遊戲中做出好表現。

別人如果不具備我們擁有的知識，我們就無法想像對方的思考過程，這點可以解釋企業主爲什麼經常是極糟的行銷者。別的不提，他們太熟悉自己的產品，以致無法體會一般顧客對產品的問題常會有的感覺。還有一點，就是他們很清楚自己的競爭對手，以致經常過度強調自己的產品與對手不同的功能，但一般顧客卻可能覺得這些差異根本不是重點。

知識的詛咒也導致許多合格專業人士低估自己的技能，尤其是那些即將接任新角色的人。舉例而言，新任顧問經常會有以下經驗：欣然發現自己懂的東西其實比原本以爲的還要多。這不是因爲他們自發性地產生新的能力，而是因爲他們拿來和自己比較的對象是過去合作過或者研究過的專家。不過，他們的客戶並沒有這樣的經驗。那些客戶都太過專注於自己的產業，沒有那麼廣博的知識，所以新任顧問（在不知情的狀況下）認爲平淡無奇的洞見，卻可能令客戶大感驚喜。

對人提出低劣指導的專家，為何毫不自覺

不過，知識的詛咒帶來的最大挑戰，也許是拖累我們向專家學習的能力。專家不但無法對於缺乏經驗的我們感同身受，也有證據顯示，他們會不自禁低估技能習得實際上需要多少時間。

問問世界網壇球王喬科維奇（Novak Djokovic），一個人需要投注多少小時學習才能夠回擊時速一百九十公里的發球，那麼他告訴你的答案可能只會是實際上所需時間的一小部分。

爲什麼？因爲**不**懂得怎麼回擊時速一百九十公里的發球，對球王喬科維奇而言難以想像，就像你我也難以想像不懂得閱讀會是什麼情形。

更糟的是，由喬科維奇擔任你的教練也不保證有幫助。他發球時所做出的大多數動作，都是在無意識的情況下做出來的。多年經驗讓他得以壓縮思考，並且不假思索地

自動做出動作，從而讓他聚焦於更關鍵的要素。

這點在球場上是優勢，在教室裡卻是場災難。教育心理學家理查·克拉克（Richard Clark）投注數十年時間探究這項障礙。他採取極爲費力的做法「認知任務分析」。首先，他深入訪談專家，在問題的設計上刻意誘使對方一一回想並詳述做出特定技能所需的每一個步驟。接著，他檢視那些專家執行技能的影片，藉此確認他們提及多少行爲步驟。

克拉克分析許多不同領域的專家，包括職業網球選手、加護病房護士，乃至聯邦法官。結論是什麼？在成功做出特定技能所需的步驟當中，專家會遺漏掉高達百分之七十的部分，因爲他們極少花腦筋思考那些細節，大多數行爲都是在無意識的情況下做出來的。

值得注意的是，專家一旦密切注意那些自動化行爲，他們的表現難免大幅衰退。這種現象在體育界有個專有名詞「失常」（choking）。專家一旦身處於過度的壓力下，而採取把注意力轉向內在的因應方式，監控複雜行爲的每一個步驟，而不是任由自己的表現自動發生，就會造成這樣的問題。

在喬科維奇身上，失常的情形可能會像這樣：在溫布頓網球賽充滿張力的第五盤決勝局，在數百萬人注視之下，喬科維奇不是單純走上發球線，打出直線發球而直接得分，卻是突然注意到自己拿球在地面上彈了幾次，懷疑自己握拍的姿勢有沒有問題，並且提醒自己揮拍的時候要挺胸。面對如此龐大的資訊量，很可能導致喬科維奇的球技難以發揮。這就是爲什麼失常通常會導致失敗。

值得釐清的一點是，造成球員失手的因素不是巨大壓力，而是過度思考。

二〇〇八年，密西根大學與聖安德魯斯大學的研究人員邀請各種不同技能程度的高爾夫球手參與實驗。一開始，這些球手先在室內果嶺推球，藉此衡量每個人的表現。不意外，經驗豐富的球手大幅勝過新手。

接著，研究人員要求受試者寫下一篇短文描述自己打球的行爲。實驗說明指出：「把你能夠記得的每個細節都寫下來，不論你覺得那些細節有多微不足道。」

這項實驗的目標，是要明白高爾夫球手一旦被迫省思自己的行爲，把無意識的動作拉到顯意識層面上，會造成什麼影響。寫完短文之後，受試者又做一次推球，研究人員也再一次記錄衡量他們的表現。

研究人員發現了什麼結果？解說打球過程對於經驗豐富的高爾夫球手造成嚴重影響。也難怪。高手早就精通一套複雜的精細任務，而他們最不想做的事情，就是解構已能自動化執行的程序。

不過，高爾夫球新手的反應卻明顯不同。省思練習對他們頗有助益，在不用擔心自動化程序會受干擾的情況下，詳細列出動作步驟正是新手學習新技能的好方法。

由此即可談到向專家學習的最後一道障礙：專家傳授自己的技能時，總是不免會以新手難以理解的方式指導。多年的經驗使得他們習於把極度複雜的概念濃縮成簡短的抽象原則，還會把專業術語掛在嘴邊，而這些術語對他們雖是習以爲常，聽在別人耳裡卻有如外星話。你要是曾經和技師、醫生或者居家修繕賣場的銷售員交談過，而對他們說的話聽得一頭霧水，大概就是因爲他們的專精對你們的溝通造成了障礙。

簡言之，專家的思考方式和常人不同。他們會使用自己沒有覺知到的捷徑，避免思考自己的行爲，也無法想像不懂得自己擁有的知識會是什麼感受。你如果請他們解構賴以成功的行爲，他們會忽略掉其中百分之七十的內容。至於他們提到的那百分之三十呢？對大多數人而言都很難懂，甚至無法理解。

既然如此，我們怎麼可能向頂尖人士學習呢？

面對專家你該這樣提問

你身在登機門，周圍滿是商務旅客、冬季大衣與手提行李，結果廣播就在這時響起。你的班機誤點了，原因是機件故障。航空公司正在找尋代用機與新的機組員。目前還不清楚什麼時候才能起飛，請旅客靜待進一步的消息。

你起初的反應是驚慌。你必須順利搭上轉接班機，才能趕上晨間會議。就在你打算上機票網站搜尋其他航空公司班機時，卻注意到一個新面孔，你覺得自己好像認得這個人。你一開始想不起來，過了一會兒才恍然大悟：是**她**。那個主持Podcast節目、寫了暢銷書，而且還即將推出網飛特別節目的大人物。她是你所屬產業的**頭號**專家，所有人一致認同她是該領域最頂尖的佼佼者。結果，她現在竟然出現在你眼前，和你同在一個登機門。

要不是她看起來那麼慌張，也許會讓你心生畏懼。你們的班機不但沒了，而且椅子早就坐滿了人，旅客人數又遠遠超出這座小航站的容納量，就連站著也沒多少空間。你盡力克制自己不盯著她看，但還是忍不住注意到她環顧著四周的牆面，找尋插座。你剛好用掉最後一個插座，於是在她走過來時，決定鼓起勇氣向她搭訕。

「妳需要充電嗎？」你開口問她，一面把充電線從手機上拔下。

「可以嗎？」她問道，你隨即點了點頭。「你人眞好，謝謝你。我的手機剛剛沒電了。」

就在這時候，坐在你身邊的人突然起身快步走開，你才想到自己實在應該趕快找另一班飛機。不過，就在你即將動手這麼做時，她卻在你身邊的空位坐了下來，並對你微微一笑。

這時你突然醒悟到：她沒有手機，班機又延誤了，所以她除了聊天其實沒有別的事情好做。許多人都會欣然掏出數千美元獲取和這位專家私下交談的機會，而現在這一生難得的機會竟然就近在眼前。

所以，你該問什麼？你可以提出什麼問題，促使專家和你分享珍貴的見地？還有，你可以怎麼避免知識的詛咒干擾這場談話？

與專家交談，值得考慮的問題有三類：**旅程式問題**、**過程式問題**，以及**發現式問題**。

旅程式問題的重點在於達成以下兩個目標：揭露專家的成功路線圖，並且讓他們記起當初自己身爲新手的經驗。了解專家從外行人變爲專業人士的歷程，很可能讓你深切感受到自己可以怎麼複製這段過程（當然，前提是這些年來你身處的領域沒有太大改變）。請專家回想自己生涯的開端，也可能有助於他們比較有效想像新手的心態，促使他們提出比較有用的建議。

以下是幾個以專家的職涯歷程做爲問題焦點的例子：

- 你當初閱讀／觀看／研究什麼，才學得這項技藝？

- 你一開始犯過哪些錯？
- 有什麼東西是你後來發現不太重要，而希望自己當初可以少花一點時間在那上面的？
- 在你的經驗當中，你發現有什麼指標必須多加注意？

過程式問題探究的重點在於執行細節。這種問題藉著深入鑽研專家產出作品時採取的確切步驟，而揭示他們的做法。得出的答案對於逆向工程尤其有價值，因爲能揭開簾幕，顯露出複雜的作品是怎麼發展出來的。

必須銘記在心的是，對於專家的做法提出的廣泛問題，很可能只會帶來局部的資訊。如同我們先前看過的，在專家的心智運作模式裡有許多行爲都是自動發生，沒有預先規劃或多加思索。因此，要避免提出空泛的問題，寧可過度瑣碎，也要問得仔細清楚。

以下是幾個以專家的產出過程做爲問題焦點的例子：

- 我對你的行事過程很好奇。你會先做什麼？接著是什麼？然後呢？
- 你的點子和策略是從哪裡來？

- 你怎麼規劃？
- 你處於【規劃／創作／行銷等等】模式時，每天的例行工作是什麼？

最後，**發現式問題**則是會讓專家聚焦於他們最初的期望，並且邀請他們把當時的天真想法拿來和自己現在所知的東西比較。藉著把專家的注意力轉向出乎意料的啓示，可以促使他們思考自己在剛起步時（也就是和當下的你處於相同狀況之時）還沒擁有的那些有用洞見。

以下是幾個以專家的發現做爲問題焦點的例子：

- 回顧過往，你覺得最意外的是什麼？
- 你希望自己剛起步時能夠知道什麼事？
- 有哪些成功的必要因素，是你原本沒有意料到的？
- 如果可以重來一次，你對什麼事情會採取不同的做法？

值得記住的一點是，你得到的答案會隨著不同的專家而異，這沒有關係。你尋求的不是能夠保證成功的單一突破，因爲這種東西並不存在。你只是要發掘這位專家認爲影響最大的因素而已。

焦點團體主持人發掘祕密的訣竅

找到正確的問題只是開頭而已。更加重要的是要以適切的方式提出，而能夠促使專家打開話匣子，並且在回答裡揭露更多有用資訊。

我們先談兩項基本要求中的第一項：讓專家打開話匣子。

有一群人相當精通在短時間內讓人透露敏感資訊：焦點團體主持人。他們的許多技巧都可以輕易應用在與專家的談話中。

這些主持人用來汲取有用資訊的許多手法當中，最首要的是採取**天真的好奇**這種心態。你要是參加過焦點團體，就會知道主持人並不擔心別人對他們的知識程度有什麼看法。他們經常提出非常基本的問題，並且避免做出先入爲主的假設，因爲這樣能讓參與者感到自在，從而提出比較完整的回應。

你可能聽過這麼一句話：「你如果是在場所有人當中最聰明的一個，那你就來錯地方了。」主持人從來不是在場所有人當中最聰明的，因爲他們知道，你如果想要讓別人打開話匣子，絕不能炫耀自己。藉著抑制自負，顯出自己脆弱的一面，主持人因此能夠得到更多的收穫。

焦點團體主持人也會策略性地分類提出問題，而且不是把最重要的問題放在前面。他們會把簡單的問題排在前面，讓回應者覺得比較自在。就是這個原因，所以許多調查都會先詢問你的性別（一個簡單而且不具侵犯性的問題），等到最後才詢問你的家庭所得（這是複雜而且極爲私人的問題）。研究人員知道，先花一些時間讓你回答中性無害的問題之後，你才比較願意透露敏感資訊。

不過，焦點團體主持人眞正厲害的地方，在於他們非常善於聆聽。在主持焦點團體的過程中你會發現，能誘使對方透露多少資訊，重點經常不在於提出的問題，而是在於你能耐心等待回應者詳細闡述，並且保持安靜，點頭鼓勵對方。有效的聆聽是必要條件，如此才能顯示你重視對方的貢獻，從而激勵對方說得更多。

專業主持人經常會預先準備好各種詞句，用來促使回應者進一步闡釋或者釐清自己所說的話。準備一份預先寫下的詞句，可讓主持人在需要更多資訊時能夠輕易用有禮的方式插話，提出要求。

請求**進一步闡釋**的詞句可以是：「很有趣，你爲什麼會這麼說？」或者單純的：「請你針對這一點再多說一些。」由於專家總是習於使用專門術語以及抽象字眼，因此事先準備一些請求**釐清**的語句，很可能特別管用。這類語句的例子有：「你可以換個方法再說一次嗎？」還有記者凱特．墨菲（Kate Murphy）推薦的：「等等，倒帶一下，我聽不懂。」

必須記住的是，和專家交談，就算是最有效的要求闡釋與釐清的語句，也不保證一定會有幫助。這是因爲專家不只擁有比較多的知識，而且他們擁有的資訊也經過特殊方式壓縮，以致難以簡單傳達。因此，單是詢問與聆聽還不夠，我們也必須翻譯，把專精的語言轉變爲新手能夠輕易理解的內容。

解譯專家的其中一個方法，是請求對方**舉例**。專家習於使用的抽象言語和複雜概念，聽在新手耳中都很含糊難懂。而與抽象相反的，就是具體案例。

在學習上，研究顯示從例子著手，而不是從抽象而且理論性的內容開始，能夠促成更快的理解，也能減少錯誤。這是因爲例子是具體的，所以比較容易理解，也能夠引起聽者提出他們自己的解釋，從而做到更深層的了解。

解譯的另一個技巧是尋求**類比**，也就是以熟悉的事物解釋不熟悉的事物。如果朋友對你說他要開設線上飛航市集，把一般大眾、飛行員與飛機連結起來，你大概會有不少疑問。不過，他只要一說：「就像是飛機版的優步。」你就會覺得彷彿掀開神祕的面紗，瞬間就明白了。藉著把看似複雜或含糊不清的概念連結到你已經擁有的知識結構，就可以達成清晰易懂的結果。

尋求正確的類比，對於理解專家的話語是必要條件，但可別預期他們隨時都會採取這樣的說明方式。身爲領域專家，他們不需要使用日常概念理解自己領域裡的觀念，不過，對於新手而言，把不熟悉的專業和熟悉的日常連結起來卻可能造成懂與不懂的差別。因此，請專家提供簡單的類比或比喻，或是你自己提出再請對方確認是否合適，是相當值得一試的做法。就算你提出的類比不完全適合，聆聽對方說明這個類比爲什麼不合用，也還是有可能增進你的理解。

如果舉例和類比仍然不夠，那麼你可以請求對方親自**示範**。「你可以示範這是什麼意思嗎？」只要這麼問，經常能夠促使專家從解說轉變爲演示。一如例子，示範也會把抽象變爲具體，並且引導我們產生自己的解釋。示範可能不一定實用或者方便，但不表示不值得一問。專家經常能取用新手不熟悉的資源（例如：錄影影片、錄音抄本或者螢幕截圖等資料庫），而這樣的資源不但能夠輕易分享，也反映他們想傳達的觀念。

另一個值得採用的技巧，是治療師經常用來讓客戶覺得有人聆聽自己的好方法，叫做**複述**。這種做法就是把你剛剛聽到的內容用不同的話語重講一遍，藉此確認你眞的聽懂了。先說：「讓我看看我的理解正不正確。」然後換句話說，重述複雜的概念，可以帶來兩種效果：第一，這樣可以促使我們以深入的方式處理資訊；第二，這樣能夠揭露我們理解當中的缺陷。如果複述的做法讓你覺得不自在，那就不要太常使用，而是只留在關鍵的觀念上才用。你可能會訝異地發現，這種做法原來如此有效，促使別人找出更明白的傳達方式。

到了談話結尾，你也許會選擇提出兩個調查記者經常使用的問句：「有沒有什麼問題是我應該問但是沒問的？」以及「我如果還想進一步了解，你會建議我找誰談？」這第二個問題可以讓你把單獨一場的專家訪談轉變成好幾場，尤其是你的專家如果願意幫忙介紹你和對方認識。這點非常重要，而且不只是因爲這樣能夠讓你加入那個由富含知識的從業者構成的社群，也因爲這樣能幫助你對於該領域的專業有更完整的認識。

我們先前提到，大多數專家如果經人要求說明他們行事的過程，都會遺漏掉多得令人咋舌的步驟，有百分之七十的行爲都不會出現在說明當中。不過，研究人員發現有個方法可以減輕專家這種失憶現象，那就是訪問多名專家。

訪問的專家人數一旦從一人增加到三人，遺漏的行爲就會減少到只有百分之十。

結論是：在大多數的案例中，沒有任何單一專家可以教導你需要知道的一切。一如創意，精湛的技能也唯有透過結合各種觀念才能達成。你研究的專家越多，路線圖就會越明確。

大多數回饋都出乎意料地有害

快問快答：誰是史上最偉大的作家？

常見的答案是莎士比亞。文學學者盛讚他細膩精深的劇情、巧妙的文字運用，以及歷久不衰的影響。

可是亞馬遜網站上的讀者怎麼認爲？

以下是近期一篇評論，由買下《莎士比亞全集》這套莎翁完整著作的讀者所寫：

> 這套作品是用什麼語言寫成的？出版商應該告訴我們這套作品集是用已經有幾百年沒人說過的語言寫成。這跟克林貢語有什麼兩樣？眞是浪費錢。

俄國小說家托爾斯泰的評價也沒好到哪裡去。以下是讀者在好讀網（Goodreads.com）針對他的經典著作《戰爭與和平》的評論，還有三十四個人按讚：

> 這本書實在是又臭又長。我實在想不通這東西怎麼會出版，更別說多年來還一直被追捧爲「經典」……

> 眞希望我從沒買過這本書。買這本書只讓我滿肚子火，更加憤世嫉俗。要不是托爾斯泰早就死了，我一定會詛咒他去死。

你要是認爲這只是因爲早期作家的經典作品未能引起現代讀者共鳴，那麼只要稍微看一看較爲近代的作家得到的評語，包括強納森・法蘭岑（Jonathan Franzen；「評價過高，雕飾過頭，吹捧過度」）、馬奎斯（「一百個小時的悶」），以及童妮・摩里森（Toni Morrison；「這本書一點也不得我寵！」），就會發現實際上並非如此。

我們生活在充斥回饋與評論的世界裡。以前的創意職人對於自己的作品帶給讀者的觀感從不曾得過這麼多資訊。在《我們的行爲是怎樣被設計的》（*User Friendly*）這部探討電腦與設計的著作裡，匡山（Cliff Kuang）與羅伯・法布坎（Robert Fabricant）指出，我們雖然很容易認爲網路的主要貢獻是把相距遙遠的人連結起來，但網路更大的影響可能是把回饋轉爲商業交易乃至人際關係的核心特徵。我們現在不但在最微不足道的交易完成之後，會獲邀對賣家、產品與服務供應商提出評價，而且網路也訓練我們對朋友「按讚」，還有「推薦」同事，以及拒絕購買缺乏正面評價的商品（這點最引人注意）。

一方面，回饋在過去十年來的大量激增帶來明顯可見的優勢。顧客因此能在比較知情的狀況下決定購買與否、排除水準低落的產品與不道德的商家，並且讓企業能因應顧客要求而演進。此外，也爲創意職人提供大量資料，讓他們參考並微調個人表現。

然而，如同許多文學經典的顧客評論顯示，不是所有回饋都確實有效、具有見地或教益。

在本章前半，我們探究了向專家學習有哪些出乎意料的挑戰，而發現克服這些障礙的策略。在本章下半段，則要探討如何從非專業人士與一般大眾的意見回饋當中汲取洞見，從而幫助我們進一步縮減自己的願景與能力之間的落差。

首先，且來檢視收到的回饋爲什麼往往有一大部分價值不高。獲得有用的回饋其實困難到出乎意料，就算那些提供意見的人眞心想幫忙，也不免如此。

在面對面的情況下，想要維持良好關係的渴望經常會導致朋友、同事與家人無法扮演公正調解人的角色；在網路上，則是越具挑釁性的評論才越可能吸引注意。網路上的獎勵結構，會誘使評論者把焦點放在怎麼讓自己顯得才智出眾，而不是對別人有所幫助。要達成這樣的效果，最簡單的方法就是提出批評。再加上評論者不會看到自己批評對象的反應，於是也就不難理解爲什麼會有那麼多線上評論都如此惡毒刻薄，只要是頭腦正常的人，都絕對不會在面對面的情況下提出這種批評。

不過，回饋還有更大的問題，就算是再精確、客觀又眞誠的回饋也無可避免。一篇發表於《心理學公報》（*Psychological Bulletin*）的全面性分析，檢視了超過六百份回饋研究，結果發現，回饋雖然經常有助於改善表現，卻不是必然有效。實際上，在爲數令人震驚的案例當中（超過三分之一），回饋反而對表現**有害**。

我們需要別人的回饋才能進步，但我們收到的回饋經常不是經過粉飾，就是過於惡毒，而恐怕會對自己的作品造成傷害。

既然如此，我們該怎麼訓練身邊的人提出比較好的回饋？

如何訓練朋友提出有用回饋

在昆汀·塔倫提諾執導他的第一部電影《霸道橫行》（*Reservoir Dogs*）之前，他原本只是高中輟學生，靠著打零工以及睡在朋友家的沙發上過活。

塔倫提諾是極度狂熱的電影愛好者，一心想在好萊塢功成名就，每天晚上都把時間投注於寫劇本。在虛妄的追求持續幾年之後，他終於設法取得幾個跑龍套的演出機會，其中最值得一提的是在《黃金女郎》（*The Golden Girls*）的某一集裡飾演貓王模仿者。

儘管如此，塔倫提諾覺得自己演戲的發展有限。如果希望事業更有前途，唯有靠著自己的寫作才有可能獲得突破。塔倫提諾孜孜不倦地寫著電影劇本，深知自己的人生取決於此。他已經二十三歲，沒有太多時間可以繼續這樣四處打零工，到處借沙發睡，祈禱自己能夠獲得一飛沖天的機會。

後來有個電影公司的高階主管同意看一看他的劇本《絕命大煞星》（*True Romance*），也就讓他不禁欣喜若狂。誰知道呢？說不定他等待已久的機會就要降臨。而且就算不是，至少他可以稍微知道自己的方向正不正確。

結果，塔倫提諾的經紀人收到以下回應：

> 你竟敢把這種垃圾寄給我，是頭腦壞掉了嗎？你想知道我有什麼感想？我的感想就是你自己的垃圾自己處理，操你媽。

我問你：這項回饋有什麼問題？

當然，這不是塔倫提諾期望的反應，也確實非常苛刻。不過，這無疑仍是一則回饋。電影公司主管不喜歡這個劇本。就這樣，沒什麼好糾結的。

然而，這種反應顯然不是我們尋求回饋時期待的結果，對不對？

喜劇藝人傑瑞·史菲德深知這項回饋欠缺了什麼——和那段話的出乎意料或是羞

辱毫無關係，而是其中缺乏有用的回饋必須具備的核心特徵：明確性。

「我總是想著那些寫書的人。」史菲德在二〇一八年接受《紐約時報雜誌》的訪談指出，「你要是花了幾年時間把自己的心靈完全注入一本書，結果有個人走過來對你說：『我喜歡你的書。』然後就走開了，而你卻完全不曉得自己的書裡有哪些部分吸引人，哪些部分不吸引人。對我來說，這就像身陷地獄一樣悲慘。在我的定義當中，這種處境就是地獄。」

像史菲德這樣的喜劇藝人從事現場演出時，他們獲得的回饋充滿明確性。這樣的回饋可讓他們確知哪些內容引起共鳴，哪些沒有，原因是每一個笑料段子都會引起觀眾各自的反應。史菲德虔敬地檢視他收到的回饋，就像廚師品嚐一道菜或是美式足球教練分析影片一樣。他甚至聲稱，你要是把他的表演錄影播放給他看，而把其中的笑話全部消音，他也還是能夠藉著觀眾的笑聲辨識出自己的演出內容：「笑聲的音調、形狀、長度，這當中帶有非常多資訊。」

回饋如果明確，就像針對一部繁複作品當中的一項特定元素評論。這樣的回饋暫時忽略整體的表現，只獨立出單一元素。對塔倫提諾說他的劇本是「垃圾」，和對他說明他筆下的某個主角無法引人共鳴，這兩者的差別就在這裡。

正是因爲這樣的精確性，回饋才能讓人從中有所學習。

把書面作品唸出聲來，是引發回饋的方法之一，能夠揭露聽眾的反應。像大衛・塞德里（David Sedaris）這樣的作家，現在都會在出版作品之前採取這種做法。塞德里會把尚未完成的文章讀給現場聽眾聽，然後把他們的反應記錄下來。對於目的在於引起讀者強烈情緒反應的作品而言，這是很有用的練習。

另一個獲取明確回饋的方法，則是提出意圖明確的問題。與其提出經常只會引來模糊回答的問題，例如「你覺得怎麼樣？」或是「你可以給我一些回饋嗎？」，不如花點時間精確找出你的作品要成功必須達到的效果，而針對這些部分提問。

舉例而言，你如果正在草擬一份重要提案，那麼與其請求同事提出一般性回饋，你可以問對方覺得你的開頭段落夠不夠引人入勝，或是你列出的進度規劃顯得夠不夠充滿雄心。*回饋越是明確，你就越能善用對方的回應。

說到這裡，即可談到有用回饋的第二項特徵：重點放在改進，而不是評價。最有效的回饋不只會讓人知道自己是否成功了，而是會幫助我們發掘更加精進的機會。

---

*我們在第四章談過怎麼列出重要指標清單，藉以評估自己的表現。你一旦列出指標，就可以採取另一種蒐集明確回饋的方法：你可以單純把自己列出的指標條目改寫成開放式問題，向你想要尋求回饋的對象提出。

一般人尋求回饋常犯的錯誤，就是提問的目的是爲了引來讚美。像是「你喜歡嗎？」這個問題，就充滿尋求慰藉與肯定的含意。聽到別人讚許我們的作品也許能讓自己感到欣慰，卻無助於改進，尤其對方很可能是因爲感受到我們的壓力才出言讚美。

有時候，想要討人喜愛與想要進步的渴望這兩者常會互相牴觸，而我們必須認知到這種緊張關係。討人喜愛的渴望也可能削弱我們的諮詢對象提出批判性回饋的意願。正因如此，與其製造機會讓人稱讚我們，不如製造機會讓他們找出可以改進之處。

諷刺的是，尋求更佳回饋的方法之一，就是不要請求回饋，而是改爲請求建議。

二〇一九年，哈佛商學院一群心理學家從事一連串的研究，調查獲取意見最好的方法。相較於請求回饋，請求建議能夠針對哪些元素有效或者無效帶來更完整的評估，也能夠引發更多改進的意見。在某些案例當中，帶來的點子甚至多出了百分之五十。

爲什麼會有這麼大的差異？那群研究人員認爲，請求回饋會促使評論者把表現者當下的成果拿來和他們過去的表現做比較；另一方面，請求建議則是會引導評論者想像表現者未來的可能性。聚焦於未來會促使評論者思考改進的機會，從而做出更豐富也更有效的批評。

促成高品質回饋的另一個做法，是針對你的弱點正面提出問題。喜劇藝人暨劇作家麥克・柏比葛利亞（Mike Birbiglia）會請同事試閱他寫的劇本，然後問：「你在什麼地方開始覺得沒意思？」對於評論者而言，這個問題比起「你不喜歡哪個部分？」來得容易回答；但是對於柏比葛利亞來說，卻一樣能夠確切突顯出需要修改的元素。

同樣重要的是：柏比葛利亞的問題會促使評論者聚焦於劇本，而不是表現者身上。對於朋友和同事而言，批評一份文件比起批評柏比葛利亞容易得多。所以，與其問：「有什麼地方是我可以改進的？」不如問：「怎麼樣的修改可以讓這份簡報變得更有說服力？」前一個問題隱含的意思是你有什麼地方做錯了，而承認這一點對於評論者而言會有風險。大多數人都寧可說謊也不願損及自己與對方的關係。

有用的回饋還有另外兩點值得一提：對象與時機。

你尋求回饋的對象應該要經過挑選，以確保對方提出的批評值得你認眞看待。尋求回饋時，我們很容易爲了方便而在對象上有所妥協，尤其會找我們不必花費力氣就可以接觸到的對象爲主。這是錯誤的做法。回饋要有效，來源對象的觀點就必須能夠代表你的目標受眾，也就是你最終想引起共鳴的群體。

這項忠告看來也許顯而易見，卻有爲數多得驚訝的聰明人一再落入同樣的陷阱。胸懷抱負的作家經常投注多年時間精修自己的小說或劇本，但他們尋求回饋的對象是誰？自己的朋友和家人。在採取這種做法的情況下，他們完全忽略了以下事實：在他們所能找到的讀者當中，這是偏見最嚴重的一群。在辦公室裡，我們也經常犯下類似錯誤。大多數工作者如果產生新的商業構想，都很容易向同事或配偶尋求回饋，但詢問既有的客戶其實往往能獲得更好的資訊。

現在，政治領袖可以藉由推特而即時得知選民對於新聞事件的回饋。表面上看來，這似乎是正面的發展，但實際上卻帶來更大的問題。推特使用者，尤其是擁有空閒時間又傾向宣揚自身觀點的人，並不代表一般選民。關注推特的政治人物依據這批不具代表性的群體提出的回饋來調整自己的觀點，恐怕會變得越來越無法代表一般大眾。

我們由此可以學到的教訓很簡單：在回饋上，**量**並不等於**質**。量大但品質低落的回饋，不論有多麼易於取得或有多麼誘人，最好還是敬而遠之。從錯誤的對象取得回饋，比起完全得不到回饋還糟。

緊接在這一點之後，就是時機的問題。在體育界，回饋總是即時而且持續不斷。NBA球員勒布朗．詹姆斯（LeBron James）只要一跳投，就會立刻得知這次的投籃成不成功。如果投籃不進，他就可以從球的飛行曲線呈現出來的線索，得知自己下次嘗試應該做出什麼修正。這種持續不斷的實驗與回饋，就是運動爲什麼如此令人興奮的一大原因。

知識工作則不一樣。不論你是要草擬提案還是建立網站，持續不斷的回饋不但不切實際，也會造成干擾。想像一下，你要是在鍵盤上每輸入一個字母，就會獲得回饋，該是多麼擾人的事。近期幾項研究發現，在複雜的心理工作上，經常性的回饋不但沒有幫助，而且還有損我們的表現，並且阻礙學習。這是因爲從事富有挑戰性的活動需要全然專注，不間斷的回饋會打斷我們的注意力，導致無法維持專心狀態。

持續不斷的回饋，對於涉及創意的工作尤其有害。創意點子必須在讓人感到安全的情況下才能夠蓬勃發展，而且需要時間才能夠成熟、成形，以及演變。在我們做好準備之前就不斷接收無窮無盡的評價，會導致難以把玩各種點子、大膽冒險，以及嘗試非傳統做法。

結論是什麼？回饋雖然珍貴，但也有其限度。太多的回饋會引發脆弱、混亂而且難以招架的感受。不過，在兩種場合下，回饋對於知識工作卻特別有幫助。這兩種場合分別是早期與晚期。

早期回饋相當合乎市場調查人員常採取的做法，稱爲「概念測試」。藉此獲得的意見，能夠揭露目前構想的方向大致上正不正確。在優格公司喬巴尼（Chobani）開始以巧克力和堅果搭配優格之前，曾經先向一群顧客提出這個點子，以便評估反應。那些顧客非常喜愛這樣的搭配，尤其是早餐外食的人士。這項研究確認了翻拌優格（Flip yogurt）是值得開發的產品，也促使他們想出這種聰明的一體式包裝，其設計就是爲了吸引忙碌的外食客群。

晚期回饋則是為了達成另一種不同的目的：協助微調執行。我們在努力執行一項工作時，外來的觀點可以適時提供協助，避免我們因為與計畫的關係太緊密而無法客觀評估。

國際知名小說家魯西迪認為，在寫作的中間階段絕對不能接受回饋：「我覺得今天的年輕作家都太習於集體式做法，也就是閱讀彼此的作品、互相討論，並且透過這種研討會的過程產出作品……這是不錯的學習過程，但在我看來，對於實際寫作就不適用了。」

不過，魯西迪倒是歡迎晚期回饋，並且會主動向他信任的讀者尋求這種回饋。「（到了後期的草稿，）我會對別人的意見非常感興趣……而且會依據他們的回饋做出調整——尤其是如果有兩、三個人看過，而他們都一致認為某個段落有問題。」

魯西迪在創作過程的大部分期間迴避讀者意見，是有違一般常識的做法。我們經常被告知，進步的祕訣就在於回饋，而收到的回饋越多，進步的速度就越快。不過，實際上卻不是如此。回饋不一定越多越好。如同本章的發現，大多數回饋都不只沒用，甚至會造成傷害。

要進步，我們需要的是合乎一套特定標準的回饋。這樣的回饋必須明確、聚焦於進步、反映我們的目標受眾，而且時機也要恰好。好消息是，這四個元素都不難達成，只要我們把回饋的質與量之間的差別銘記在心，並且致力於在適當的時間向適當的人提出適當的問題即可。

頂尖人物怎麼把回饋化為成長養分

有一件事我們還沒談過，是個所有人都避而不談的問題——所有胸懷抱負的表現者都帶有這嚴重的弱點，而且沒人願意承認。我們之所以向朋友與家人尋求回饋、厭惡績效評量，而且有時候會投注幾個星期（甚至幾年）的時間獨自對自己的計畫「追求完美」，等到最後迫不得已才勉強尋求外部意見，就是出於這個原因。

我們都很害怕收到負面回饋。

這不是不合理的衝動。聽到自己投注了最大的努力之後卻仍然不夠，是痛苦又令人不安的體驗。之所以如此，部分原因是人腦體驗失敗的方式。

遭遇批評會引起大腦釋放皮質醇這種壓力荷爾蒙，從而讓焦慮感升高、打斷專注狀態，並且導致人無法專心聆聽。我們一旦感受到威脅，就會採取防衛姿態，典型表現就是戰或逃（前者是做出防衛性的回應，後者則是終結談話），而這兩者都無助於引發自我省思或促進成長。

由此造成的情緒結果，經常又會因爲我們遇到挫折後告訴自己的故事而變得更糟。負面回饋從來都不只是單純關於我們在任務當中的平庸表現，而是關於這樣的失敗代表了什麼——這樣的失敗針對我們的才智、能力以及潛力揭露什麼眞相。

由於這些原因，大多數人都不是自然而然就懂得從負面回饋當中學習。然而，這卻是至關緊要的技能——這種技能可讓頂尖人士從錯誤中成長、在失望裡保有自信，並且運用得到的洞見自我提升。

那麼，他們的祕訣是什麼？我們要怎麼克服自己對於批評的先天厭惡？研究建議我們採取什麼做法，從負面回饋獲得成長？

在提出解決方案之前，先用個例子具體說明這種狀況。假設你正準備在公司所有人面前發表重要簡報，你很緊張，所以花許多時間準備。然後，在那個大日子到來的一個星期之前，你把三個自己信任的同事找進會議室裡，請他們看你預演一次。

結果，他們的反應沒有你預期的那麼正面。失望之餘，你拿起記事本寫下筆記，同時在心裡告誡自己保持鎭定。現在，且讓我們在此暫停一下。假設你同事提出的評論大致上都頗爲一針見血，你可以怎麼善用他們的回饋，而不至於產生防衛心態，或是感到洩氣，難以承受？

第一種策略是**把負面回饋轉譯為矯正措施**。換句話說，找出你可以採取哪些改變以因應你得到的回饋。一旦把批評轉變爲選項，批評感覺起來就比較不會像是一種指責，而是一個機會。

舉例而言，假設你向自己的諮詢對象提出柏比葛利亞那種聚焦於改進的問題：「你們在什麼地方開始覺得沒意思？」結果，你發現大家的共識是，簡報的開頭和結尾都很吸引人，但是中段有些沉悶。這樣的回饋一開始自然不免讓你感到受傷。不過，一旦確切找出可能的修正方法，例如添加一則小故事、提問，或者砍掉三張投影片，你的態度就出現了轉變。你變得對於那些回饋引發的改進覺得感恩。

神經學研究明白支持這個論點。在大部分情況下，犯錯會觸動大腦中名爲前腦島的區域，這個區域掌管疼痛、悲傷與恐懼體驗。相對之下，得知自己成功了，則會觸動大腦的獎賞系統，而這套系統的根源在於腹側紋狀體。我們一旦想著贏得重要的新客戶、獲得晉升，或者令人興奮的約會，腹側紋狀體就會活躍起來。

二〇一五年，南加州大學研究人員的發現引人入勝。不是所有錯誤都會觸動痛苦的前腦島，有些錯誤反倒會觸動令人愉悅的腹側紋狀體。什麼因素決定哪個區域會被觸動？事實顯示，錯誤一旦結合了新的學習，我們就會感到滿足。由此獲得的智慧，使我們能夠看見在未來避免錯誤並且取得成功的新機會。

把負面回饋轉變爲矯正措施之所以會令人感受到獎賞的快感，還有另一個原因：

這麼做會讓人覺得失敗只是暫時的。你的簡報現在雖然還沒達到應有水準，卻不表示永遠都會是如此。只要做出任何改變，就很有可能產生不同的結果。

第二項策略是暫停一下，後退一步，讓你和自己的作品**拉開心理距離**。一旦沉浸於某項活動，焦點自然會縮小，我們會體驗到視野變狹隘的狀況，導致產生防衛心態，抗拒那些會爲我們添加額外工作的建議。花點時間省思整體目標，把目光擴展到眼前的任務之外，可以促進長期思維，並且使我們更能接受批評。

必須記住的是，對於回饋做出迅速的回應與做出明智的回應是兩回事。研究顯示，花點時間生悶氣，以及沉思自己感受到的失望，實際上會帶來一般人沒想到的好處。雖然我們通常不會把悶悶不樂和頂尖表現聯想在一起，但正是在這種深刻自我省思的痛苦時刻，我們才會發現關於自己的重要洞見，並且深化追求成功的動機。

採取長期觀點，能夠提醒自己還有時間改進，在一項任務上失敗，不足以界定我們是什麼樣的人。拉長時間範圍，能夠減輕我們在當下就必須證明自身能力的壓力，並且促使我們更願意忍受一時的不自在，而換取長期的成長。

最後一項策略，是**重新詮釋掙扎的經驗**。在西方文化裡，掙扎被視爲負面經驗，表示你「不懂」，而這對我們的能力、才智與自我價值都造成各式各樣的威脅。不過，東方文化對於掙扎卻有不同觀點。在他們眼中，掙扎不表示無能，而是代表你在學習。每個人都不免有所掙扎，不論你有多聰明或是有多高的天賦，因爲智識的進展就是這樣形成的。

把掙扎視爲成長過程中自然而且令人嚮往的部分，這樣的觀點能夠帶來各式各樣的效益：促使我們在困難面前仍願意堅持下去、對於新挑戰保有健康的渴望，最重要的是更能接受外來的回饋。

不是只有東方文化對於掙扎抱持歡迎的態度。喜劇藝人也普遍懷有這種心態，把能夠承受自己一敗塗地的表演（他們把這種情形暱稱爲「搞砸」「死掉」，以及「慘跌一跤」）視爲可以強化職涯發展的成年禮。

許多喜劇藝人，包括約翰．奧利佛在內，都把自己經歷過的失敗演出視爲值得自豪的事情。「我搞砸過非常多次，都已經記不得哪一次是最糟的了。」他在《吉米．法隆深夜秀》上表示。這個節目段落的主題，就是記錄喜劇超級巨星遭遇過的許多失敗。「我把那些丟臉的感覺都壓抑起來，我有太多這種經驗，全都變成一片模糊的公開恥辱。」

艾米．舒默（Amy Schumer）認爲自己得以從業餘單人脫口秀喜劇演員轉變爲職業喜劇藝人，就是因爲願意在長達幾週的時間裡每夜忍受殘酷的現場演出。「我們五個人一起巡迴演出，我每天晚上都會死在舞臺上。我會在遊覽車上大哭一場，然後第二天晚上再上臺重來一次——有時候一個晚上還演出兩場……到最後，我已經差不多麻木了。我每天晚上都痛苦不已，所以後來就不管了——我採取這樣的態度之後，重點就轉向了我在舞臺上的經驗。」

阿茲·安薩里不只歡迎掙扎，而且他的演出要是獲得熱烈掌聲，他甚至反倒會垂頭喪氣。他在全國公共廣播電臺的《新鮮空氣》節目上向主持人泰瑞·格羅斯（Terry Gross）這麼說明他的體驗：「到了某個程度，你在自己表現得很好時幾乎會生自己的氣，因爲你覺得——唉呀，這樣表示我沒有認眞冒險嘗試不同的東西。我要是在一場演出中砸鍋砸到底，就表示我確實有認眞嘗試新東西、困難的東西；要是每次都很成功，就表示我在當下一心只想要輕鬆自在，只想做出成功的表演。你要是嘗試了不同的東西，雖然結果很糟，但這才算是眞正在鞭策自己進步。」

乍看之下，安薩里對於逆境與負面回饋的渴求似乎頗爲怪異，甚至可說是自虐了。然而，有個群體卻和他一樣渴求批評：專家。

哥倫比亞大學與芝加哥大學的研究顯示，新手雖然喜歡正面回饋勝過負面回饋，專家卻沒有這樣的偏好。擁有豐富經驗與成功紀錄的人，對於負面回饋比較感興趣，原因是他們明白負面回饋裡含有改進的重要線索。正面回饋雖然確實討人開心，卻沒辦法幫助你改善，頂多只是鼓勵你繼續拿出同樣的表現。

這是非常引人入勝的觀點，用完全不同的角度看待批評的價值。如同安薩里所言，受到批評不表示你一無是處，只表示你做出大膽的嘗試，結果發現了自己能力的限制而已。收到負面回饋在當下雖然令人不快，但有了一定程度的經驗之後，負面回饋卻會成爲正面徵象，代表你還在繼續追求進步、學習，以及成長。

作家暨散文家查克・克羅斯特曼投注數十年時間訪談音樂、運動和流行文化當中的頂尖人士。這樣的經驗讓他對於回饋與成功之間的關係得出以下感想：「你如果想避免批評，那麼止步於優秀，會比持續追求卓越來得更好。」

我們都應當把這句話銘記在心。你如果只想達成平庸的成功，正面回饋可以幫助你達到目的；但你的目標如果是要在身處的領域裡出類拔萃、打破眾人預期，並且留下影響後人的遺澤，那麼負面回饋就不只是你需要容忍的東西，而是充滿希望的指標，顯示你走在正確的道路上。

結語
誤打誤撞發現卓越的祕密

在梵谷的成長過程中，他身邊絕對沒有人想得到他會成爲知名藝術家。誰能怪他們呢？就連史學家也舉不出他童年時期有什麼事件顯示他對藝術懷有絲毫的興趣，遑論擁有龐大的隱藏天賦。他們只知道年輕的梵谷喜怒無常、個性執著，而且著迷於極爲古怪的物品。

他的兄弟姊妹都是藉著玩彈珠與洋娃娃自娛，梵谷卻是會悄悄溜出家門，花上大半天時間在外探險。他總是過了好幾個小時後才回家，身上帶著野花、甲蟲以及廢棄的鳥巢。他會把這些東西偷偷帶上閣樓，爲自己的這些發現編製目錄，更新他迅速增長的收藏。

梵谷的父母對兒子的怪異行爲深感擔憂，於是把他送去寄宿學校。結果，梵谷相當幸運，班上老師正是歐洲數一數二的優秀藝術教師。老師上起課來引人入勝又充滿魅力，啓發許多學生。不過，梵谷不是其中之一。

次年，梵谷輟學離開學校，年僅十五歲。自怨自艾好一段時間之後，他陸續從事幾份工作，但都失敗收場：包括擔任書店店員、家庭教師、牧師。直到二十七歲，他才開始整天把時間投注於繪畫。幾個月後，他就宣告自己爲藝術家。

今天，梵谷被公認爲史上最具影響力的藝術家。這不只是驚人的成就，也極度難以解釋。*

想想以下這幾件事實：梵谷不是天生就有明顯可見的天賦，而且後來他大言不慚地宣稱自己是專業藝術家，也沒有展現出特別的潛力。他在自己的職業生涯裡幾乎沒有接受過任何指導，只是以藝術家的身分辛勤努力整整十年。

他究竟是怎麼達到那麼傑出的程度？

我們對於梵谷的職業發展所知甚多——堪稱比古往今來的其他藝術家都還要多，原因是在他短短的三十七年人生裡，他向親戚與朋友寫了爲數異常之多的信件，而且內容都非常坦率。在他不幸死亡之後，他的信件被弟弟西奧的太太蒐集起來，總計有八百多封，每一封信都爲梵谷的創作過程、辛苦掙扎，以及激烈翻騰的情緒世界提供一扇深深吸引人且不加粉飾的窺探之窗。

那麼，梵谷的祕訣是什麼？他怎麼能在沒有老師的情況下發展自己的技能？此外，他又是怎麼在那麼短的時間裡把自己從卑微的新手轉變成備受尊崇的大師？

簡單回答，他利用了我們在本書發現的許多技巧。

梵谷剛踏上藝術這條路時，做的第一件事情就是辨識出自己能夠解構、分析，並且複製的模型。他藉著描摹米勒與布荷東（Jules Breton）筆下那些充滿活力的畫作而精通了人像畫，藉著模仿杜比尼（Charles Daubigny）與泰奧多爾．盧梭（Théodore Rousseau）的作品而學會風景畫。透過精心模仿，梵谷逆向解析而汲取了各式各樣的教訓。他觀察到傑出的藝術家利用色彩傳達情感的方式、筆畫長度對於眼睛看待動作的影響，以及陰影與倒影如何賦予作品細節與深度。

梵谷刻意不把自己限制於特定類型的藝術，而是樂於向各種不同的藝術家學習。他研究與自己同時代的新印象派畫家、檢視地位比較穩固的巴比松畫派大師，也迷上東方藝術家，因為他們的作品在當時才剛開始引進歐洲市場。

吸收各種不同的影響，使得梵谷能夠敏銳感受到不同藝術類型之間的差異，也有

＊精神疾病雖然無疑影響了梵谷的作品（他據說患有顳葉癲癇），但專家認為他是克服了自己的病況而獲得成功，不是因為患病才有所成就。有幾項神經學研究檢視了顳葉癲癇是否會促成更多創意，但沒有發現證據顯示會有這種效果。

助於他發展以及精進自己的品味，並且讓他得以接觸許多不同藝術構想。他只要發現自己欣賞的作品，就會把那件作品的複製品納入自己的收藏，並且密切分析。日本藝術作品的簡單性尤其令他留下深刻印象。梵谷雖然窮困一生，但在死時卻擁有超過一千張日本繪畫的複製品！

他也會到自己所屬的領域之外尋求影響。梵谷的閱讀胃口非常大，從喬治・艾略特、左拉與夏綠蒂・勃朗特等人的作品當中獲得不少靈感。不過，有位作家最受他仰慕：狄更斯。他向弟弟西奧坦承道：「我終生的目標就是要創作狄更斯描寫的那些日常事物……」

梵谷汲取這些為數龐大的影響力，而得以把不同類型的獨特元素結合起來，創造出深富原創性的作品。他受到米勒的影響，而喜歡描繪辛勤農民的日常生活；他從莫內與畢沙羅等印象派畫家身上學會使用明亮鮮豔的色彩，以及輕點少許油彩的作畫方式；從日本藝術作品當中，他則是學到了使用強烈的輪廓線以及略去陰影。

我們認為屬於梵谷獨有的強烈又熱情洋溢的風格，並非與生俱來，而是緩慢出現，是多年逐漸變化的結果。隨著梵谷接觸新的影響、運用新的發現，以及從事微小的實驗，這種風格才逐步成形。

梵谷的實驗**無所不包**。他先是試用不同材料，從炭筆到鉛筆、鋼筆，以及筆刷。他嘗試許多不同風格，從寫實主義轉變爲表現主義，再轉變爲新印象派。他採用多種技巧，先是淺淡的水彩，然後隨著時間過去，越來越喜歡堆疊一層層濃重的油彩——現在一般已公認這是他的招牌技巧，稱爲「厚塗法」。也許最引人注意的是，他的色彩運用也出現演變，從早年常用陰暗的互補色，到後來採用明亮的對比色，顯得極爲搶眼，從遠處即可攫取觀眾目光。

梵谷要是只走安全的路，而避免接觸我們現在已知習得新技能不可或缺的持續挑戰，那麼他身爲藝術家的成長與演變就不可能發生。他堅持不懈地練習，在短短十年就產出超過兩千幅油畫、素描與速寫。最重要的是，他不只多產，而且刻意聚焦於他在自己身上發現的弱點，一再測試自己能力的極限。他經常反覆重畫同一個影像。如同他在寫給藝術家同行拉帕德（Anthon van Rappard）的信裡解釋的：「我一再創作自己還力有未逮的作品，以便學習創作這種作品所需的能力。」

我們之所以知道這一切，原因是梵谷長久以來一直堅持後退一步，思考自己的進展，以及把自己的思緒寫下來。藉著這麼做，他因此得以受益於反思實踐的許多好處。

梵谷不是天賦異稟或者接受專家數十年指導，而成爲世上最受喜愛並且著名的藝術家之一。他是自學而成的。他是怎麼做到的呢?藉著蒐集他欣賞的作品、辨識出賦予這些作品獨特性的關鍵特徵，再致力於從無到有重製這些作品。不過，他不只是單純地抄襲，而是有所演進。他應用自己發現的公式，藉著結合各種影響加以修改，實驗不同的工具、風格與技巧，並且冒了許多明智的風險。

在梵谷短暫的藝術生涯裡，他一再往自己的能力極限邊緣練習、把握成長機會，並且深入省思，而把尋常的觀察轉變爲能夠據以行動的洞見。

梵谷是因爲性格、環境以及運氣恰到好處的搭配，才無意間發現這些策略。所幸，你不需要像他一樣仰賴這些條件。

解譯卓越帶來的重要一課

在本書中，我們看到數十名傑出的頂尖人士，來自許多不同領域。我們詳述了他們採取的方法，解釋那些方法之所以有效的原因，並且把他們的技法連結於創意、激勵、技能習得、表現與專精等領域的重要發現。

你要怎麼把這些優秀人士的策略應用在你自己的工作上？且讓我們來檢視十個要點，並且指出所有人都能運用在日常生活中的方法。

1. 成為蒐集者。達成卓越的第一步，就是認出別人身上的卓越。一旦遇到打動你的例子，就設法記錄下來，而且記錄方式要讓你自己能夠重溫、研究，以及拿來和你蒐集的其他項目做比較。提到蒐集，通常會想到實質物體，例如藝術作品、紅酒，或者郵票。不過，這樣的定義太狹隘了。文案作家會蒐集標題，設計師會蒐集商標，顧問會蒐集簡報投影片。把你的收藏當成私人博物館一樣，到其中參觀找尋靈感、研究卓越人物的做法，並且提醒自己要敢於想像。

2. 找出差異。要從你最喜歡的例子當中學習，就必須精確辨識出那些例子爲什麼獨特。一旦遇到引起共鳴的作品，就要習於省思以下問題：「這個例子有什麼不同？」藉著比較傑出與平庸的作品，你就能夠精確看出是哪些關鍵成分賦予一件作品特色，並且辨識出有哪些元素能夠納入別的地方，或者經過演變再加以運用。

3. 以藍圖的方式思考。你欣賞的例子，幾乎全都是從藍圖發展而成：廚師利用食譜，作家採用大綱，網站設計師使用網站地圖。與其試圖重新建構完整的作品，不如添加抽象的層次，擬出一份高層次的大綱。藉著逆向解析而建構出藍圖，你將會發現一些模式，而能夠揭開複雜作品的神祕性。

4. 不要模仿，要加以演變。全盤抄襲別人大獲成功的公式，只會讓人覺得你缺乏創意，同時也可能失敗。此外，你也得不到同樣的結果，因爲你的能力與那套公式的要求（可能）有落差，而且受眾的期望也會隨著時間改變。所以，你要開創自己的道路，方法可以是添加新的影響、運用其他領域的公式，或者用你原本就精通的元素取代你學不起來的元素。

5. 接納願景與能力的落差。研究大師作品有個代價：你對於成功需要什麼表現的標準會因此提高。而且，你大概沒辦法達到那樣的高標準，至少一開始是如此。在這時候感到沮喪或者考慮放棄，都是正常的情形，但別忘了：擁有高度品味與明確的願景，是潛力的明確指標。通常，光是認知到一件事物的水準還不夠高，並且擁有不惜一切也要加以修正的衝勁與毅力，就是業餘和專業人士的差別所在了。

6. 選擇性計分。衡量促進成功的關鍵元素，可以讓你更容易達到高水準的成就。藉著為你的表現當中的關鍵面向計分，你就能夠立刻激發進步，比較不會白白努力，也會鼓勵你做出頭腦更清楚的決定。長期下來，適當的指標會促使你為自己負起責任、提供回饋，並且揭露足以改變局勢的模式。必須小心的是，不要過度執迷於任何一項指標，也不要忘了隨著成長而更新你的指標。

7. 去除冒險當中的風險。冒險對於成長不可或缺，但本質上也令人不自在。要把冒險變得讓人比較能夠接受，一個有用的方法是找出失敗代價不高的擴展能力機會。在這一點上，企業提供了值得參考的做法，而且這種做法也可以運用在個人身上。要測試自己的構想且縮減失敗的代價，你可以從事微小的實驗、以假名出版作品、在開發構想之前預先銷售，以及把你的時間投資分配於多項不同計畫。別再浪費精力強迫自己鼓起勇氣冒險了。失敗成本一旦低得微不足道，冒險就會容易得多。

8.對於舒適的感受抱持懷疑。在大部分情況下，情緒對於哪些經驗值得追求、哪些又該避免提供極有價值的指引。不過，值得一提的例外是我們在技能習得過程中的感受。人在輕鬆自在的狀況下不會成長——只有在受到挑戰、努力掙扎，而且偶爾失敗的情況下，才會達到最好的學習效果。不論是在職場上還是家裡，頂尖人士都不會把舒適自在視爲自己已經成功的代表，而是會將其視爲自己的發展陷入停滯的徵象。

9.駕馭未來與過去。重複與回饋可以幫助你提升自己的表現，尤其是用在改善弱點上。不過，這如果是你唯一採取的練習，那麼你大概只發揮了自己一小部分的潛力。另外還有兩種練習方式也值得採用：反思實踐與意象，前者是分析你過往的經驗以汲取重要教訓，後者則是預先模擬表現。反思實踐與意象都能夠提供許多令人驚嘆的認知與情感效益，也會訓練你做出更有效的預期——而這正是專精的招牌特色。

10. 提出明智的問題。儘管許多人都這麼認爲，但專家其實極少會是優秀的指導者。知識是道雙面刃：知道一件事，會讓人無法想像不知道這件事的狀況。要從你和專家的交談當中得到最多收穫，你就必須預先準備好問題、請求進一步闡釋的詞句，以及請求釐清的語句，藉此促使專家揭露自己的經歷、行事過程，以及所得到的發現。不是只有專家能夠幫助你改進——非專家也有可能造成相同的效果。訣竅在於邀請適當的諮詢對象，尋求建議而不是回饋，並且提出一連串爲了促成改進而設計的策略性問題。

藉著應用這些要點，我們全都有潛力建構專屬於自己的技能、提升個人表現，並且做出長久的貢獻。不論你所屬的領域是什麼，你達到高水準成就的能力都不需要受限於你是否有幸獲得與生俱來的天分，或者是否得以接受專家的指導。

在自己的職業當中身處巔峰的人士，之所以能夠得到那樣的地位，是藉著對新的觀念、觀點以及解決方案抱有永不饜足的渴求。他們知道要登上山頂，絕對不能站在原地不動。要登上巔峰，必須辨識出值得精通的概念、培養各種技能，並且在自身能力極限的邊緣實驗。這種心態的關鍵程度在當今更是遠勝於以往。

所幸，啓發人心的觀念到處可見。我們生活在創意豐碩無比的時代，電視、音樂與出版界都充斥大量內容，線上雜誌、部落格與播客節目提供各式各樣的觀念與觀點，是先前世代難以想像的。搜尋引擎、數位化期刊，以及線上圖書館，使得任何人只要擁有網路連線就能夠發現最先進的理論，以及找到遭人忽略的珍寶。

這些元素隨手可得。讀過本書之後，你現在已知道怎麼解鎖這些元素，加以精通，並朝新方向演變。

現在，該來看看你可以做到什麼程度了。

謝辭

開始撰寫本書後不久，在簽下書約帶來的興奮感尚未褪去的情況下，我認識的知名作家私下告訴我一件事，令我不禁陷入遲疑。他揭露自己與他太太達成協議：「我下次只要對她說我想要寫書，她就必須一拳揍在我臉上。」他們一致認爲，寧可挨這一拳，也不要再承受完成另一本書的痛苦。

不過，我撰寫本書的經驗卻完全不同，而這點必須歸功於一群非凡的同事、朋友與家人，他們的支持使得這項工作成爲可能。

感謝 Dr. James Fryer、Dorie Clark、Mitch Joel、Jon Iuzzini、Seth Godin、David Epstein、Danny Iny、Dr. Susan Pierce Thompson、Charles Benoit、David Tang、Dr. James Masciele與Jon Itkin審閱本書草稿並且提出建議，從而使得最後的成果能夠有所改進。

感謝 Dr. Marina Tasopoulos-Chan、Justine Roth、Christy Kern、Dr. Miron Zuckerman與Bethany Coates對於本書的研究工作所做出的貢獻。

感謝Dr. Dan Grodner、Greg Erway、Jane Manchun Wong、Alyssa Nathan與Josh Yanover慷慨撥空接受訪談。

感謝Kathy Hadzibajric、Kyle Young、Kate Wilcox、Miranda Wilcox、Roy McKenzie、Matthew McKeveny、Ethan Bence與Pam Savage扮演絕佳的隊友，讓我得以把許多時間投注於寫作。

感謝Tom Neillsen、Les Tuerk、Adam Kirschenbaum、Christine Teichmann與Marge Hennesey幫忙把我的作品分享給許多傑出的組織。

我如果沒有結識Lucinda Halpern，絕不可能會有這本書的出現。Lucinda是傑出的出版經紀人，極度善於察覺重大構想。她幫助我篩選許許多多的可能性，發現其中值得重視的珍寶，並且建構計畫，以引人入勝的方式展現出來。你要是有機會能夠與Lucinda合作，絕對要緊緊把握。她對自己的工作實在是擅長到了難以置信的地步。Lucinda，謝謝妳。

Lucinda介紹我認識了Stephanie Freirich——這位才華洋溢的編輯懷有過人眼光，在當初本書還只是一部野心過大的流水帳，收集了眾多頂尖表現案例之時，就毅然簽下這本書，並且明智建議我們縮小焦點。Stephanie：每個作家都應該要如我一般幸運，能夠和妳這樣富有策略、眼光與熱情的對象合作。

Stephanie在Simon & Schuster出版社的團隊，其中的成員全都同等出色。感謝Emily Simonson的細心、Jason Heuer與Jackie Seow吸引人目光的英文版封面設計、Lynn Anderson的專業審稿，以及Nate Knaebel與Lisa Healy這兩位製作編輯。

最後，還有我的家人。感謝我父母堅定不移的支持（這點可見於他們向我提出的激勵箴言，例如：「還沒寫好嗎？」以及「其實，你沒有很多時間……」），也感謝Maddy與Henry身爲最完美的Maddy與Henry，以及Anna對我的愛、耐心以及啓發。

圓神出版事業機構 方智出版社 Fine Press

www.booklife.com.tw reader@mail.eurasian.com.tw

生涯智庫 200

逆向工程，你我都能變優秀的祕訣：全球頂尖創新者、運動員、藝術家共同實證

作　　者／朗恩·傅利曼（Ron Friedman）
譯　　者／陳信宏
發 行 人／簡志忠
出 版 者／方智出版社股份有限公司
地　　址／臺北市南京東路四段50號6樓之1
電　　話／（02）2579-6600·2579-8800·2570-3939
傳　　真／（02）2579-0338·2577-3220·2570-3636
總 編 輯／陳秋月
副總編輯／賴良珠
主　　編／黃淑雲
責任編輯／陳孟君
校　　對／陳孟君·黃淑雲
美術編輯／李家宜
行銷企畫／陳禹伶·王莉莉
印務統籌／劉鳳剛·高榮祥
監　　印／高榮祥
排　　版／杜易蓉
經 銷 商／叩應股份有限公司
郵撥帳號／18707239
法律顧問／圓神出版事業機構法律顧問　蕭雄淋律師
印　　刷／祥峰印刷廠
2022年2月　初版
2022年12月　7刷

Decoding Greatness: How the Best in the World Reverse Engineer Success

定價410元　ISBN 978-986-175-658-5

超速學習者懂得在開始學習前先畫出地圖，也會去學習其他人是如何學會自己想擁有的能力。

——《超速學習》

國家圖書館出版品預行編目資料

逆向工程，你我都能變優秀的祕訣：全球頂尖創新者、運動員、藝術家共同實證／朗恩．傅利曼（Ron Friedman）著；陳信宏 譯.
-- 初版 .-- 臺北市：方智出版社股份有限公司，2022.02
336面；14.8×20.8公分 --（生涯智庫；200）

譯自：Decoding greatness : how the best in the world reverse engineer success
ISBN 978-986-175-658-5（平裝）

1.成功法　2.創造力　3.逆向工程

177.2　　110021415